2023



# Hauptschulabschluss

Original-Prüfungsaufgaben

Baden-Württemberg

## Mathematik · Deutsch · Englisch

STARK

**Bildnachweis**

Deckblätter: © PhotoCase.com; © Monkey Business Images/Dreamstime; © David Hewitt, www.sxc.hu


19. neu bearbeitete und ergänzte Auflage
www.stark-verlag.de

# Inhalt

**Hördateien Englisch:**

Aufgabe im Stil der Hauptschulabschlussprüfung
Hauptschulabschlussprüfung 2019
Hauptschulabschlussprüfung 2020
Hauptschulabschlussprüfung 2021
Hauptschulabschlussprüfung 2022

Die Audio-Dateien findest du auf **MyStark**.


**Autor*innen**

Aufgaben im Stil der Abschlussprüfung: Katharina Bühler (Mathematik); Marion von der Kammer (Deutsch); Paul Jenkinson, Redaktion (Englisch)

# Vorwort

**Liebe Schülerin, lieber Schüler,**

mit diesem Buch kannst du dich gezielt auf die **Prüfung zum Hauptschulabschluss** in Baden-Württemberg vorbereiten.

- Der Sammelband enthält **Aufgaben im Stil der Abschlussprüfung** in den Fächern **Mathematik**, **Deutsch** und **Englisch**. Diese Musteraufgaben sind in Inhalt und Aufbau ganz auf die Anforderungen der Prüfung abgestimmt, sodass du dich umfassend auf die prüfungsrelevanten Aufgabentypen vorbereiten kannst.
- Zudem sind im Buch die **Original-Prüfungsaufgaben 2020 und 2021** enthalten. Die **Abschlussprüfung 2022** steht dir auf der Online-Plattform *MyStark* zum Download zur Verfügung. Die Original-Aufgaben dienen dir ebenfalls zur gezielten Prüfungsvorbereitung und zeigen dir noch einmal genau, was dich in der Prüfung erwartet. Am besten führst du zu Hause schon einmal „eigene" Prüfungen in den einzelnen Fächern durch. So lernst du, dir die Prüfungszeit sinnvoll einzuteilen.
- Die **Audiodateien** für das Hörverstehen in Englisch stehen dir ebenfalls auf *MyStark* zur Verfügung. Den Link zu *MyStark* und deinen persönlichen Zugangscode findest du auf der Umschlaginnenseite ganz vorne im Buch.
- Zu diesem Sammelband gibt es ein **Lösungsbuch** (Titel-Nummer C083S0L). Es enthält ausführliche Lösungen zu allen Aufgaben und hilfreiche Tipps und Hinweise zu den einzelnen Aufgabenstellungen.
- Für Schülerinnen und Schüler, die darüber hinaus üben wollen, sind unsere **Fachbände** mit folgenden Titelnummern hervorragend geeignet:

  Mathematik: C08309 (DIN A4), C08309L (Lösungen zu C08309)
  Deutsch: C08349 (DIN A4), C08349L (Lösungen zu C08349)
  Englisch: C08359 (DIN A4, mit Lösungen)

  Die Fachbände enthalten hilfreiche Tipps und ein ausführliches Trainingsprogramm für die Abschlussprüfung.

Sollten nach Erscheinen dieses Bandes noch wichtige Änderungen in der Abschlussprüfung 2023 vom Ministerium für Kultus, Jugend und Sport bekannt gegeben werden, findest du aktuelle Informationen dazu ebenfalls auf *MyStark*.

Wir wünschen viel Spaß beim Üben und viel Erfolg in den Prüfungen!

Stark Verlag

# Hinweise zur Hauptschulabschlussprüfung

Die Schülerinnen und Schüler in Baden-Württemberg haben 2020 erstmals die neue **Hauptschulabschlussprüfung** abgelegt. Die folgenden Hinweise sollen dir einen Überblick über die Abschlussprüfung verschaffen. Die Prüfung kann sowohl am Ende von Klasse 9 als auch am Ende von Klasse 10 erfolgen.

Prüfungsteile

Die Abschlussprüfung umfasst folgende Prüfungsteile:

- die **schriftlichen Prüfungen** in den Fächern **Mathematik**, **Deutsch** und **Englisch**,
- die **Kommunikationsprüfung** im Fach **Englisch**,
- die **Projektarbeit** und
- gegebenenfalls eine **mündliche Prüfung** in **Mathematik** und **Deutsch**.

Schriftliche Prüfungen

Die Aufgaben der **schriftlichen Prüfungen** in Mathematik, Deutsch und Englisch werden **zentral** vom Kultusministerium gestellt, d. h., alle Schülerinnen und Schüler in Baden-Württemberg müssen dieselben Aufgaben lösen.
Hinweise und Tipps zum genauen Ablauf der schriftlichen Prüfung in den einzelnen Fächern findest du im jeweiligen Fachkapitel dieses Buchs.

Mündliche Prüfungen

In **Englisch** gibt es neben der schriftlichen Prüfung eine **verpflichtende mündliche Prüfung**, die sogenannte Kommunikationsprüfung, für die das Kultusministerium zentrale Prüfungsmaßstäbe vorgibt (siehe Hinweise im Englisch-Kapitel dieses Buchs).

Eine **zusätzliche mündliche Prüfung** in den Fächern **Mathematik** und **Deutsch** ist **möglich**, aber nicht verpflichtend. Sie wird empfohlen, wenn dadurch eine Verbesserung der Endnote in dem betreffenden Fach besteht. Die Prüfung dauert etwa 15 Minuten und wird von der jeweiligen Fachlehrkraft gestellt.

Projektarbeit

Die **Projektarbeit** ist ein weiterer Bestandteil der Hauptschulabschlussprüfung. Sie wird in **Klasse 9** durchgeführt und ist für alle Schülerinnen und Schüler verpflichtend.

Die Projektarbeit ist dem Fach **WBS** (Wirtschaft / Berufs- und Studienorientierung) zugeordnet, sie muss aber auch einen Bezug zu einem weiteren Fach aufweisen und eine Leitperspektive berücksichtigen. Ziel ist es, nicht nur Fachwissen in die Prüfung einzubringen, sondern auch Sozialverhalten, Arbeitsverhalten, Teamfähigkeit und andere Kompetenzen einzubeziehen.

Die Projektarbeit ist eine **Gruppenarbeit**, bei der aber individuelle Noten erteilt werden. Eine Schülergruppe umfasst in der Regel drei bis fünf Schülerinnen und Schüler. In Ausnahmefällen kann sie auch als Einzelprüfung durchgeführt werden.

Die Projektarbeit gliedert sich in **drei Phasen:**

- die **Vorbereitung** mit der Themenfindung, Gruppenbildung und Projektbeschreibung,
- die **Durchführung** im Umfang von mindestens 16 Unterrichtsstunden mit der **Projektdokumentation,**
- die **Präsentation** der Projektergebnisse durch die gesamte Gruppe mit dem individuellen **Prüfungsgespräch**.

Prüfungsergebnis

Die **Gesamtleistung** in den einzelnen Prüfungsfächern errechnet sich jeweils aus dem Durchschnitt der **Jahresleistung** und der **Prüfungsleistung**. Die Leistungen der schriftlichen und der mündlichen Prüfung werden im Verhältnis 3 : 2 (Englisch) bzw. 3 : 1 (Mathematik und Deutsch) gewichtet. Die Projektarbeit gilt als Prüfungsfach. In den Fächern und Fächerverbünden, in denen nicht geprüft wird, zählt jeweils die Jahresleistung als Gesamtleistung.

| Mathematik | Deutsch | Englisch | Sonstige Fächer / Projektarbeit |
|---|---|---|---|
| Jahresleistung **50 %** | Jahresleistung **50 %** | Jahresleistung **50 %** | Jahresleistung **100 %** bzw. Projektarbeit **100 %** |
| Prüfungsleistung **50 %** (schriftliche Prüfung 3 mündliche Prüfung 1)* | Prüfungsleistung **50 %** (schriftliche Prüfung 3 mündliche Prüfung 1)* | Prüfungsleistung **50 %** (schriftliche Prüfung 3 Kommunikationsprüfung 2) | |

* Wenn du die freiwillige mündliche Prüfung in den Fächern Mathematik und Deutsch ablegst, werden die schriftlichen und mündlichen Prüfungen im Verhältnis 3:1 gewertet. Legst du keine mündliche Prüfung ab, zählt die schriftliche Prüfungsleistung die vollen 50 %.

Schulfremdenprüfung

Die Hauptschulabschlussprüfung können auch **Schulfremde** ablegen. Dazu nehmen sie an den **drei schriftlichen Prüfungen** in den Fächern Mathematik, Deutsch und Englisch teil. Daneben erfolgen **vier verpflichtende mündliche Prüfungen** in Mathematik, Deutsch, Englisch (Kommunikationsprüfung) sowie nach Wahl in **einem** Fach aus den Naturwissenschaften (Biologie, Chemie oder Physik) oder Gesellschaftswissenschaften (Geschichte, Gemeinschaftskunde oder Geographie). Da Schulfremde nicht an der Projektarbeit teilnehmen können, absolvieren sie stattdessen eine **Präsentationsprüfung**, die sich aus Hausarbeit, Präsentation und Prüfungsgespräch zusammensetzt.
Die Bewertung erfolgt folgendermaßen:

| Mathematik | Deutsch | Englisch | Fach (gewählt aus Natur- oder Gesellschaftswissenschaften) | Präsentationsprüfung |
|---|---|---|---|---|
| Schriftliche Prüfung **50 %** | Schriftliche Prüfung **50 %** | Schriftliche Prüfung **50 %** | Mündliche Prüfung **100 %** | Hausarbeit Präsentation Prüfungsgespräch **(je 1 Drittel)** |
| Mündliche Prüfung **50 %** | Mündliche Prüfung **50 %** | Mündliche Prüfung **50 %** | | |

# Mathematik

# Hinweise und Tipps zur Abschlussprüfung im Fach Mathematik

Die schriftliche Prüfung in Mathematik besteht seit 2020 aus **zwei Pflichtteilen** (Teil A 1 und A 2) und **einem Wahlteil** (Teil B).

- **Teil A 1:** Pflichtteil (Grundkenntnisse, hilfsmittelfreier Teil)

  Im ersten Teil sind alle **zehn Aufgaben** zu lösen. Als Hilfsmittel sind lediglich **Zeichengeräte** zugelassen, d. h., Taschenrechner und Formelsammlung sind nicht erlaubt. Bei jeder Aufgabe kann **ein Punkt** erreicht werden. Bei der Bewertung sind aber auch halbe Punkte möglich.

- **Teil A 2:** Pflichtteil

  In diesem Teil sind alle **fünf Aufgaben** zu lösen. Als Hilfsmittel sind **Zeichengeräte, Taschenrechner und Formelsammlung** erlaubt. Bei jeder Aufgabe können maximal **zwei Punkte** erreicht werden. Teilpunkte sind bei der Bewertung möglich.

- **Teil B:** Wahlteil

  Im Teil B bekommst du **drei Aufgaben** vorgelegt, von denen du **zwei Aufgaben** auswählen und bearbeiten musst. Auch hier sind als Hilfsmittel **Zeichengeräte, Taschenrechner und Formelsammlung** zugelassen. Jede Aufgabe besteht aus zwei Teilaufgaben a und b und wird insgesamt mit **fünf Punkten** bewertet. Teilpunkte sind möglich.

Die Arbeitszeit für alle drei Prüfungsteile beträgt **135 Minuten**. Für den **Teil A 1** stehen dir **45 Minuten** zur Verfügung. Nach einer **20-minütigen Pause** hast du dann noch einmal **90 Minuten** Zeit, um **Teil A 2** und **Teil B** zu bearbeiten.
Insgesamt kannst du in der Prüfung **30 Punkte** erzielen: je **10 Punkte** pro Prüfungsteil.

| Punkte | Note |
|---|---|
| 30 bis 29,5 | 1,0 |
| 29 | 1,1 |
| 28,5 | 1,2 |
| 28 | 1,3 |
| 27,5 | 1,4 |
| 27 bis 26,5 | 1,5 |
| 26 | 1,6 |
| 25,5 | 1,7 |
| 25 | 1,8 |
| 24,5 | 1,9 |
| 24 bis 23,5 | 2,0 |
| 23 | 2,1 |
| 22,5 | 2,2 |
| 22 | 2,3 |
| 21,5 | 2,4 |
| 21 bis 20,5 | 2,5 |
| 20 | 2,6 |

| Punkte | Note |
|---|---|
| 19,5 | 2,7 |
| 19 | 2,8 |
| 18,5 | 2,9 |
| 18 bis 17,5 | 3,0 |
| 17 | 3,1 |
| 16,5 | 3,2 |
| 16 | 3,3 |
| 15,5 | 3,4 |
| 15 bis 14,5 | 3,5 |
| 14 | 3,6 |
| 13,5 | 3,7 |
| 13 | 3,8 |
| 12,5 | 3,9 |
| 12 bis 11,5 | 4,0 |
| 11 | 4,1 |
| 10,5 | 4,2 |
| 10 | 4,3 |

| Punkte | Note |
|---|---|
| 9,5 | 4,4 |
| 9 bis 8,5 | 4,5 |
| 8 | 4,6 |
| 7,5 | 4,7 |
| 7 | 4,8 |
| 6,5 | 4,9 |
| 6 bis 5,5 | 5,0 |
| 5 | 5,1 |
| 4,5 | 5,2 |
| 4 | 5,3 |
| 3,5 | 5,4 |
| 3 bis 2,5 | 5,5 |
| 2 | 5,6 |
| 1,5 | 5,7 |
| 1 | 5,8 |
| 0,5 | 5,9 |
| 0 | 6,0 |

Wichtig bei allen Aufgaben ist die Darstellung des Lösungsweges. Achte darauf, dass alle deine Rechnungen nachvollziehbar sind, und vergiss auch nicht, die Lösungen zu kennzeichnen, beispielsweise durch Unterstreichen oder durch einen Antwortsatz.

# Übungsaufgabe 1 im Stil der Hauptschulabschlussprüfung Mathematik

## Teil A 1 Pflichtteil

**Hinweis:** Im Teil A 1 (10 Punkte) sind alle Aufgaben zu bearbeiten.

**Zugelassene Hilfsmittel:** Zeichengeräte

1 Punkt

**1.** Berechne.

$\left(0{,}75-\frac{1}{4}\right):\frac{1}{2}=$

1 Punkt

**2.** Vier Streckenlängen haben den gleichen Wert.
Umrande die Kästchen mit gleicher Streckenlänge farbig und streiche die anderen Kästchen durch.

| | | | |
|---|---|---|---|
| 1 km | 1 000 mm | $\frac{1}{10}$ dm | 1 mm |
| 10 % von 10 m | 100 cm | $\frac{1}{1\,000}$ km | 0,1 m |

1 Punkt

**3.** Welche Zahl liegt dem Ergebnis jeweils am nächsten? Kreuze an.

a) $\sqrt{80}$

☐ 8 ☐ 9 ☐ 10 ☐ 20 ☐ 40

b) $3{,}2^2$

☐ 8 ☐ 9 ☐ 10 ☐ 20 ☐ 40

1 Punkt

**4.** Zeichne ein Dreieck mit dem gleichen Flächeninhalt wie das Quadrat.

1 Punkt

**5.** Welches der vier Netze gehört zu dem abgebildeten Würfel? Kreuze an.

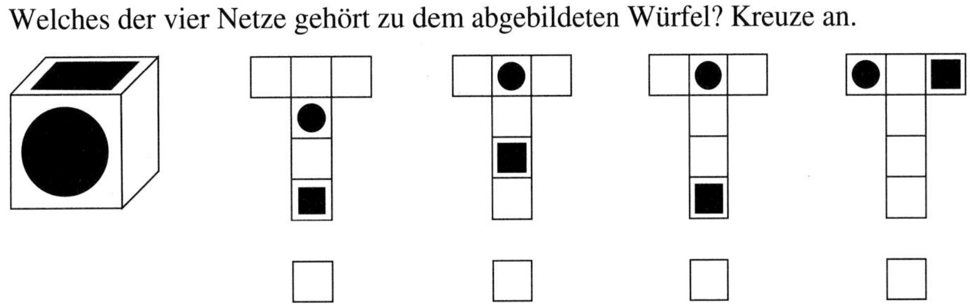

1 Punkt

**6.** Wie viele kleine Kisten benötigt man, um damit die große Kiste vollständig auszufüllen?

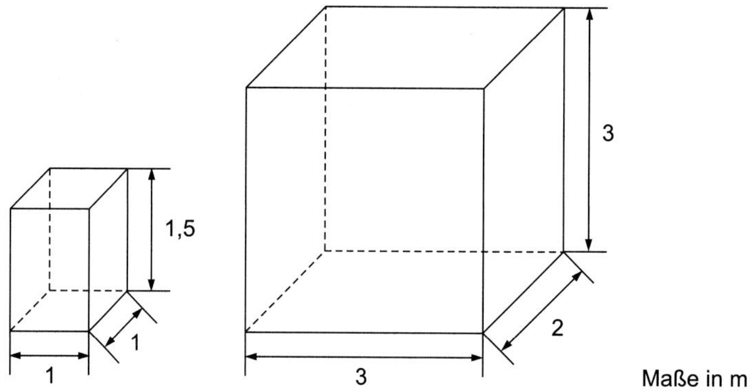


Zeichnungen nicht maßstabsgetreu

1 Punkt

**7.** Löse die Gleichung.

$4x - 3 \cdot (2x - 3) = 4 - (x + 3)$

1 Punkt

**8.** Welche der vier Vasen passt zum dargestellten Füllgraphen? Kreuze an.

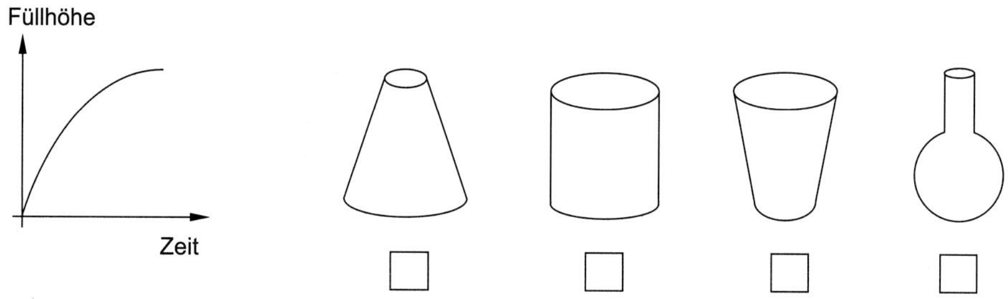


1 Punkt

**9.** Ordne den Funktionsgleichungen jeweils den Buchstaben des zugehörigen Graphen zu.

(1) $y = 2x + 3$ Graph ______

(2) $y = 2x - 3$ Graph ______

(3) $y = -2x + 3$ Graph ______

(4) $y = -2x - 3$ Graph ______

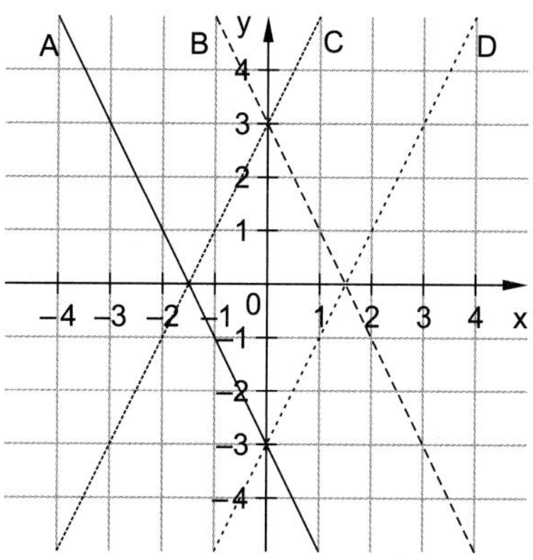


1 Punkt

**10.** Die Tabelle zeigt die Mathematik-Noten von Felix.
Welche Note hat er in der letzten Klassenarbeit bekommen, wenn sein Notendurchschnitt danach 3,0 beträgt?

| **Klassenarbeit** | **Nr. 1** | **Nr. 2** | **Nr. 3** | **Nr. 4** | **Nr. 5** |
|---|---|---|---|---|---|
| **Note** | 2 | 3 | 4 | 2 | **?** |

**Teil A 2**

# Pflichtteil

**Hinweis:** Im Teil A 2 (10 Punkte) sind alle fünf Aufgaben zu bearbeiten.

**Zugelassene Hilfsmittel:** Formelsammlung, wissenschaftlicher Taschenrechner (nicht programmierbar), Zeichengeräte

2 Punkte

**1.** Familie Berger isst pro Woche 2,5 kg Erdbeerjoghurt. Im Supermarkt wird der Joghurt in zwei verschiedenen Bechergrößen angeboten.

| Bechergröße | Einzelpreis |
|---|---|
| 125 g | 0,39 € |
| 500 g | 1,39 € |

Wie viel Euro kann Familie Berger in einem Jahr (52 Wochen) sparen, wenn sie anstelle kleiner Becher nur noch große Becher kauft?

2 Punkte

**2.** Ein Schwimmbecken besteht aus einem dreieckigen Nichtschwimmerbereich (Wassertiefe 80 cm) und einem rechteckigen Schwimmerbereich (Wassertiefe 1,80 m).

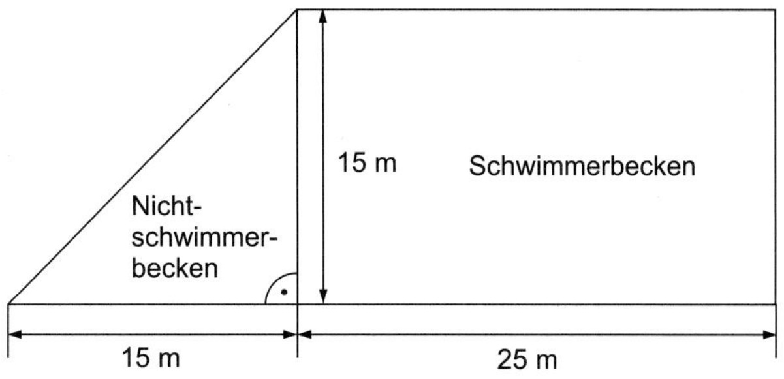


Zeichnung nicht maßstabsgetreu

Berechne, wie viele Liter Wasser sich im gesamten Schwimmbecken befinden.

2 Punkte

**3.** Das abgebildete Dreiecksprisma hat ein rechtwinkliges Dreieck als Grundfläche.

Zeichne ein mögliches Netz des Dreiecksprismas.

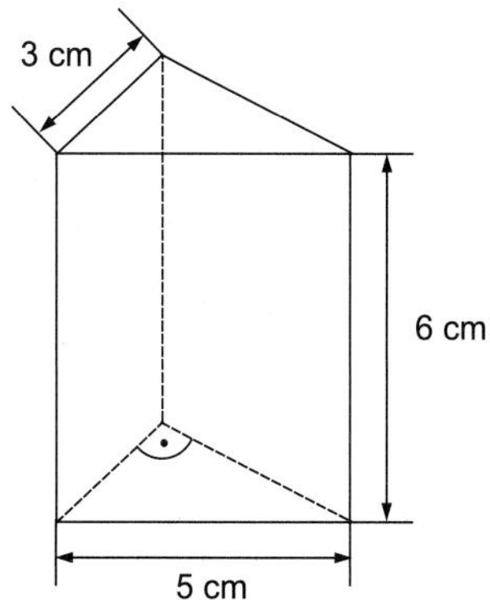


Zeichnung nicht maßstabsgetreu

2 Punkte

**4.** Die Auszubildenden Simon und Leon wollen eine WG gründen und sind deshalb auf Wohnungssuche. Folgende Wohnungsanzeigen wecken ihr Interesse:

**Anzeige Wohnung A**
2-Zimmer-Wohnung
58 $m^2$
Mietkosten pro Monat:
– Kaltmiete 8,20 € pro $m^2$
– Nebenkosten 30 % der Kaltmiete

**Anzeige Wohnung B**
2-Zimmer-Wohnung
65 $m^2$
Mietkosten pro Monat:
– Kaltmiete 7,10 € pro $m^2$
– Nebenkosten 135 €

Simon und Leon können monatlich jeweils 300 € für die Mietkosten aufbringen. Welche Wohnung können sich die beiden leisten? Begründe rechnerisch.

2 Punkte

**5.** Leni hört sich die Playlist mit ihren fünf Lieblingsliedern an. Für die Musikwiedergabe wählt sie „zufällige Reihenfolge ohne Wiederholung“.

- Als erstes Lied kommt „Candy“.
  Mit welcher Wahrscheinlichkeit wird als zweites Lied „Love Me“ gespielt?
- Als zweites Lied kommt tatsächlich „Love Me“.
  Gib alle möglichen Reihenfolgen an, in denen die verbleibenden drei Lieder abgespielt werden können.

# Teil B Wahlteil

**Hinweis:** Im Teil B (10 Punkte) sind zwei der drei Aufgaben zu bearbeiten.

**Zugelassene Hilfsmittel:** Formelsammlung, wissenschaftlicher Taschenrechner (nicht programmierbar), Zeichengeräte

5 Punkte **1.** Eine Gemeinschaftsschule hat 580 Schülerinnen und Schüler. Davon nehmen dieses Schuljahr 320 an einer der vier angebotenen Arbeitsgruppen (AGs) teil.

(2 P) a) Berechne den Prozentsatz der Schülerinnen und Schüler, die dieses Schuljahr an keiner AG teilnehmen.

(3 P) b) Die Tabelle zeigt die AG-Wahl der teilnehmenden Schülerinnen und Schüler. Stelle die prozentuale Verteilung in einem Kreisdiagramm mit Radius $r = 3$ cm dar.

| Musik | Sport | Umwelt | Theater |
|---|---|---|---|
| 45 % | 27,5 % | 15 % | 12,5 % |

5 Punkte **2.** Carlo bastelt Sterne für die Weihnachtsfeier.

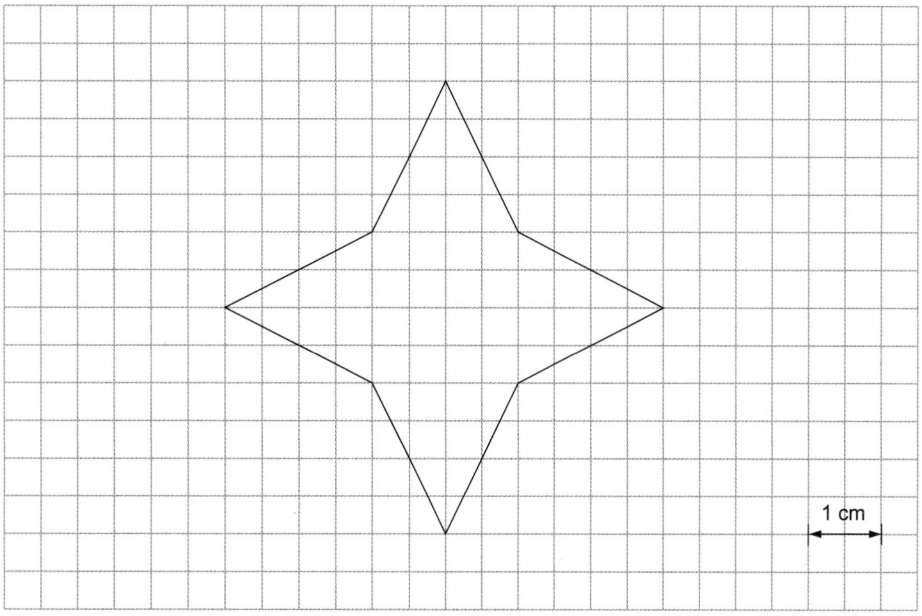


(2 P) a) Gib die Anzahl der Symmetrieachsen des Sterns an und zeichne diese in die Figur ein.

(3 P) b) Berechne den Flächeninhalt und den Umfang des Sterns.

5 Punkte

**3.** Paulina fährt mit dem Fahrrad von B-Stadt nach D-Burgen.

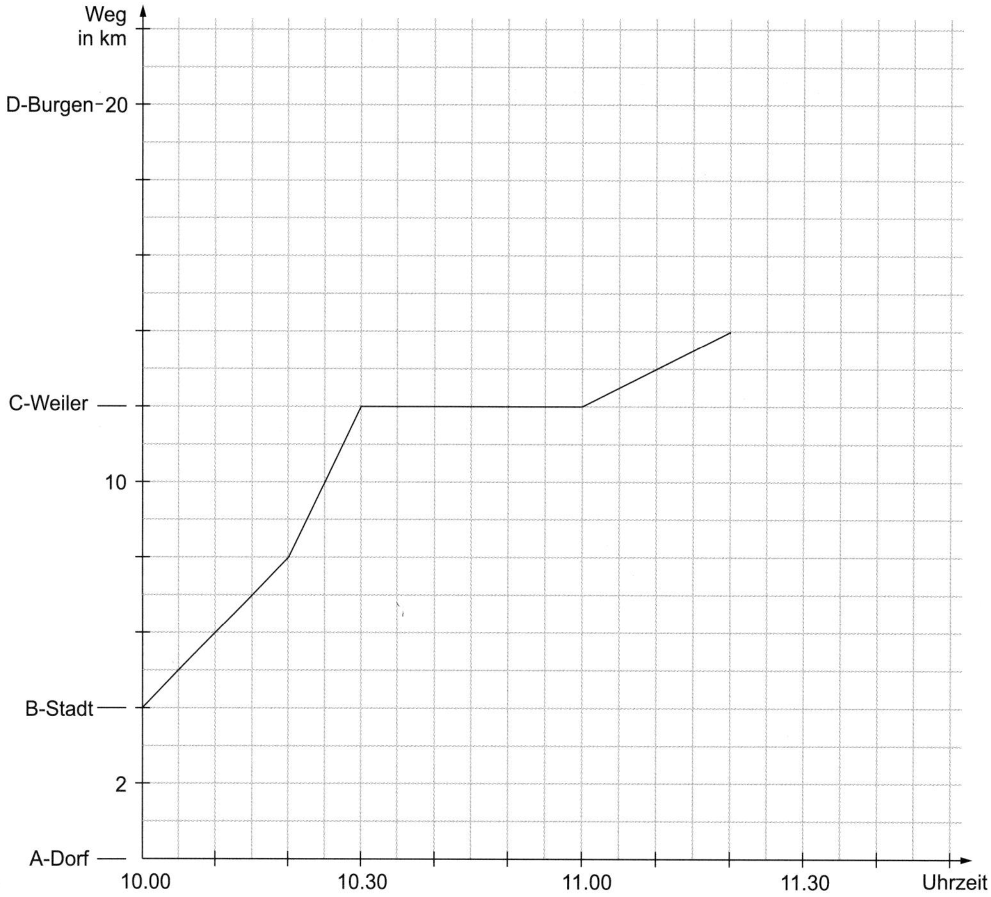


(2 P) a) Sie möchte um 11.50 Uhr in D-Burgen ankommen.

- Ergänze den Graphen bis D-Burgen.
- Mit welcher Geschwindigkeit muss Paulina den letzten Teil der Strecke zurücklegen?

(3 P) b) Mathilda fährt mit ihrem E-Bike um 10.30 Uhr zu Hause in A-Dorf los. Sie fährt ohne Pause mit einer konstanten Geschwindigkeit von 36 $\frac{km}{h}$ über B-Stadt und C-Weiler nach D-Burgen.

- Zeichne den Graphen von Mathilda in das Schaubild ein.
- Wann und wo treffen sich die beiden Mädchen?

## Übungsaufgabe 2 im Stil der Hauptschulabschlussprüfung
## Mathematik

# Teil A 1 Pflichtteil

**Hinweis:** Im Teil A 1 (10 Punkte) sind alle Aufgaben zu bearbeiten.

**Zugelassene Hilfsmittel:** Zeichengeräte

1 Punkt

**1.** Füge Klammern ein, sodass die Gleichung stimmt.

$9 - 5 \cdot 3 - 1 = 8$

1 Punkt

**2.** Ergänze die Tabelle.

| Bruch | Dezimalzahl | Prozent |
|---|---|---|
| $\frac{1}{2}$ | | |
| | 0,25 | |
| | | 10 % |

1 Punkt

**3.** Markiere die folgenden Zahlen möglichst genau auf dem Zahlenstrahl.

a) $\sqrt{10}$ b) $1{,}4^2$

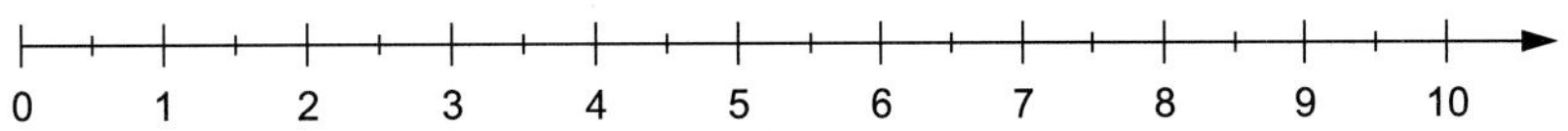


1 Punkt

**4.** Welche Figur hat den größten Flächeninhalt: das Rechteck, das Dreieck oder der Kreis? Begründe rechnerisch.

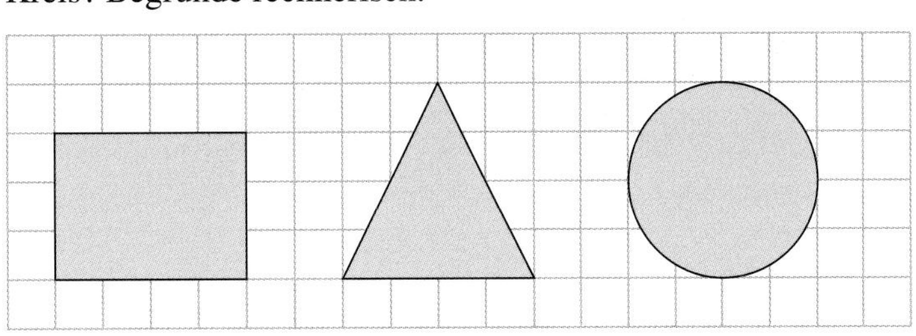

1 Punkt

**5.** Welches der beiden Dreiecke ist rechtwinklig? Begründe rechnerisch.

| | Seite a | Seite b | Seite c |
|---|---|---|---|
| **Dreieck 1** | 4 cm | 5 cm | 6 cm |
| **Dreieck 2** | 5 m | 3 m | 4 m |

1 Punkt

**6.** Ein Quader hat nebenstehende Maße.
Emma behauptet:
„Wenn ich die Höhe des Quaders verdopple, verachtfacht sich das Volumen."
Hat Emma recht? Begründe.

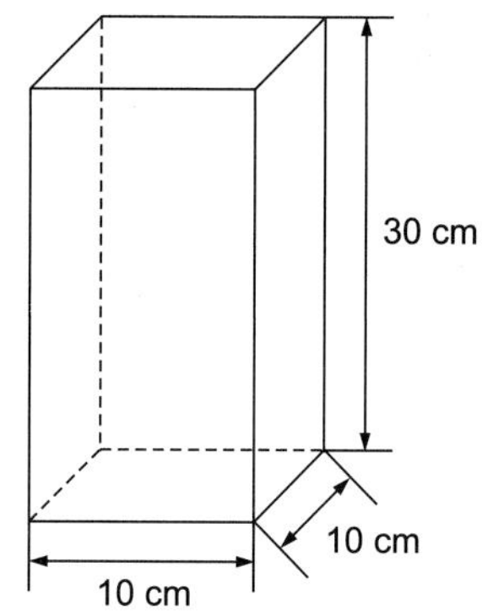


Zeichnung nicht maßstabsgetreu

1 Punkt

**7.** Löse die Gleichung.

$2(x-7) = -5x + 6 + 3x$

1 Punkt

**8.** Marie geht zur Schule. Nach einiger Zeit läuft ihr die Nachbarskatze über den Weg. Marie bleibt stehen und streichelt die Katze. Plötzlich bemerkt sie, dass die Zeit knapp wird und sie rennt den restlichen Weg bis zur Schule.
Kreuze an, welches Diagramm zu Maries Schulweg passt.

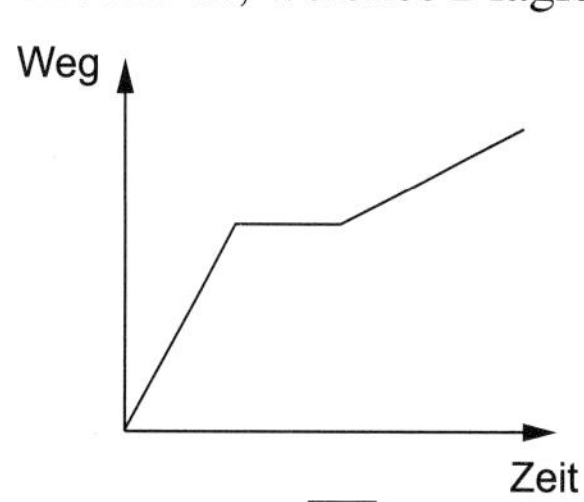


☐

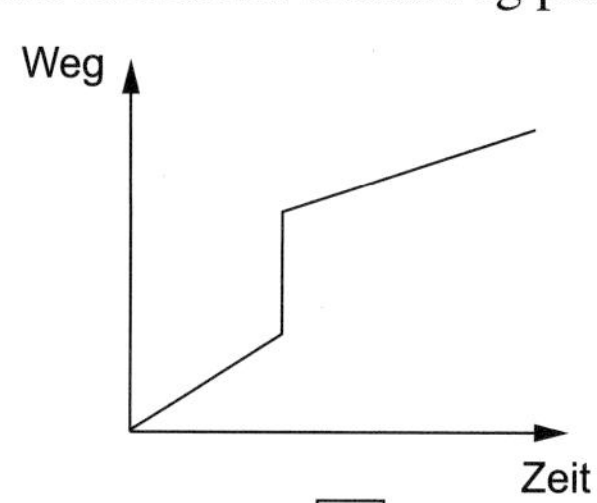


☐

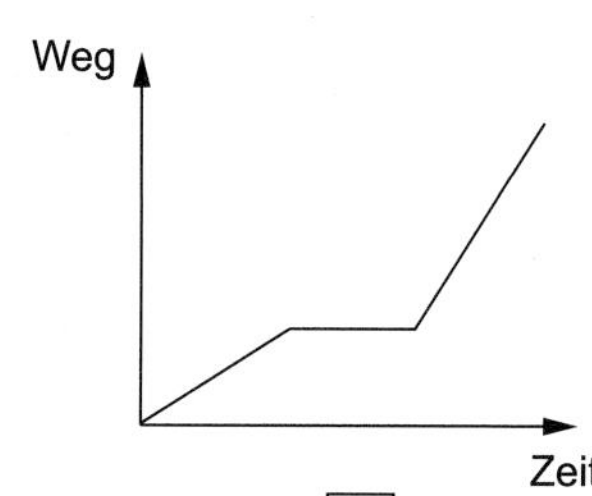


☐

1 Punkt

**9.** Ordne den Funktionsgraphen jeweils den Buchstaben der zugehörigen Funktionsgleichung zu.

(A) $y = -x + 2$

(B) $y = -x$

(C) $y = \frac{1}{2}x$

(D) $y = 2x$

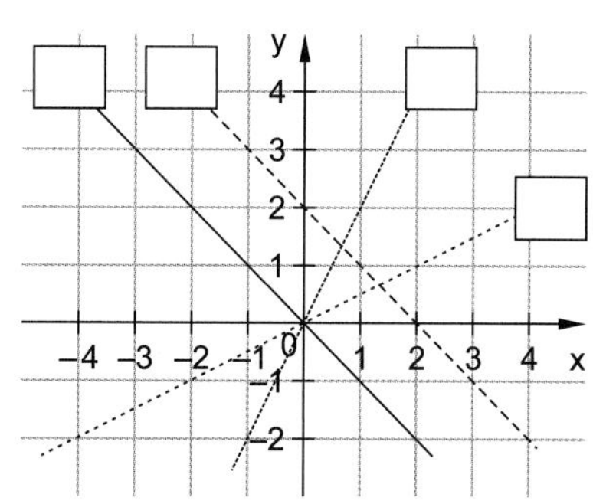


1 Punkt

**10.** In einer 9. Klasse wurde eine Umfrage zur Anzahl der Geschwisterkinder mit folgendem Ergebnis durchgeführt:

| **Anzahl der Geschwister** | **0** | **1** | **2** | **3 und mehr** |
|---|---|---|---|---|
| **Relative Häufigkeit** | 15 % | 45 % | 30 % | 10 % |

Kreuze an, welches Diagramm den Sachverhalt richtig darstellt.

☐ 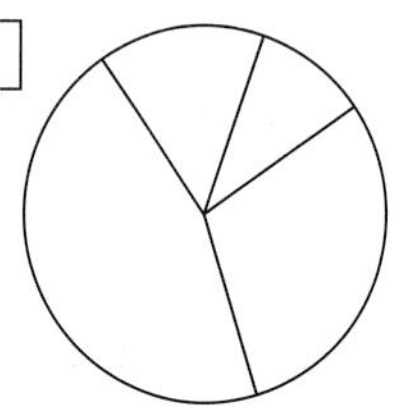

☐ 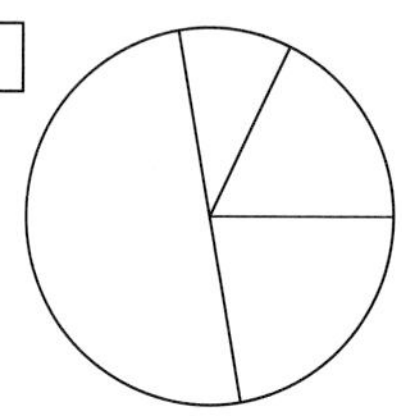

☐ 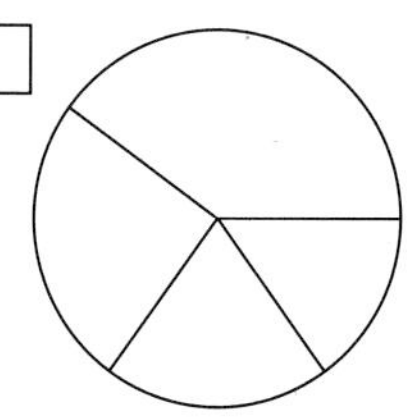

## Teil A 2 Pflichtteil

**Hinweis:** Im Teil A 2 (10 Punkte) sind alle fünf Aufgaben zu bearbeiten.

| **Zugelassene Hilfsmittel:** | Formelsammlung, wissenschaftlicher Taschenrechner (nicht programmierbar), Zeichengeräte |
|---|---|

2 Punkte

**1.** Wenn Nora im Urlaub täglich 7,50 € von ihrem Taschengeld ausgibt, reicht es für 14 Tage aus. Sie gibt aber täglich 3,00 € mehr aus.

Nach wie vielen Tagen hat Nora ihr Taschengeld nun ausgegeben?

2 Punkte

**2.** Aus einem Holzwürfel soll ein möglichst großer Zylinder herausgeschnitten werden.

Berechne, wie viele Kubikzentimeter Holz dafür als Abfall anfallen.

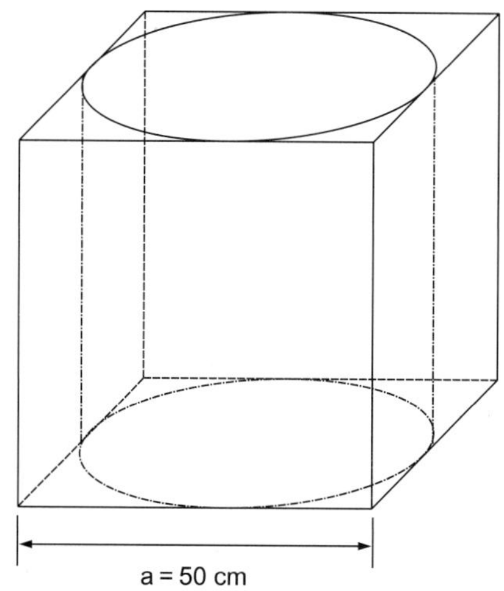


Zeichnung nicht maßstabsgetreu

2 Punkte

**3.** Berechne die Seitenlänge b und die Winkelgröße β im Dreieck ABC.

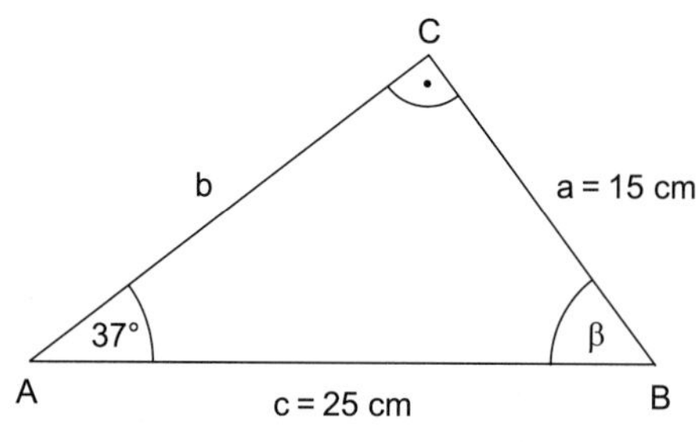


Zeichnung nicht maßstabsgetreu

2 Punkte

**4.** Luis zündet eine 6 cm lange Kerze an, die gleichmäßig pro Stunde um 1,5 cm abbrennt. Für die Länge der Kerze in Abhängigkeit von der Abbrenndauer gilt folgende Funktionsgleichung: $y = -1{,}5x + 6$

- Zeichne den Graphen in ein Koordinatensystem.
  x-Achse: Abbrenndauer in h
  y-Achse: Länge der Kerze in cm
- Gib an, nach wie vielen Stunden die Kerze vollständig abgebrannt ist.

2 Punkte

**5.** Bei einem Gewinnspiel stehen die beiden Glücksräder zur Auswahl.

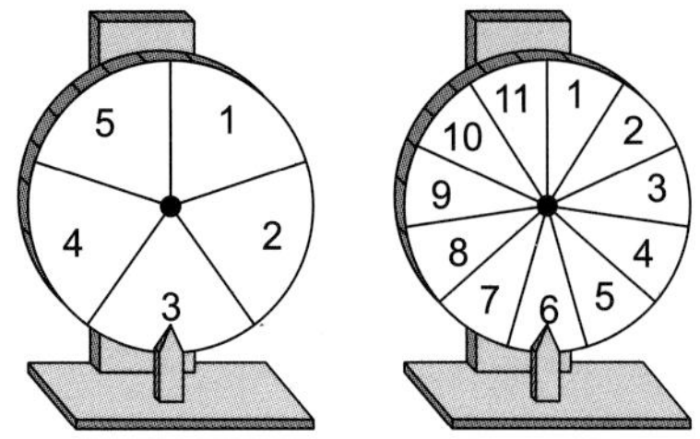


A B

- Bleibt das Rad auf einer geraden Zahl stehen, gewinnt man. Für welches Glücksrad entscheidest du dich? Begründe rechnerisch.
- Ändert sich deine Entscheidung, wenn man bei einer ungeraden Zahl gewinnt? Begründe.

# Teil B Wahlteil

**Hinweis:** Im Teil B (10 Punkte) sind zwei der drei Aufgaben zu bearbeiten.

| **Zugelassene Hilfsmittel:** | Formelsammlung, wissenschaftlicher Taschenrechner (nicht programmierbar), Zeichengeräte |
|---|---|

5 Punkte

**1.** Das Schaubild zeigt die Gewinne und Verluste einer Eisdiele pro Quartal (Vierteljahr) des letzten Jahres.

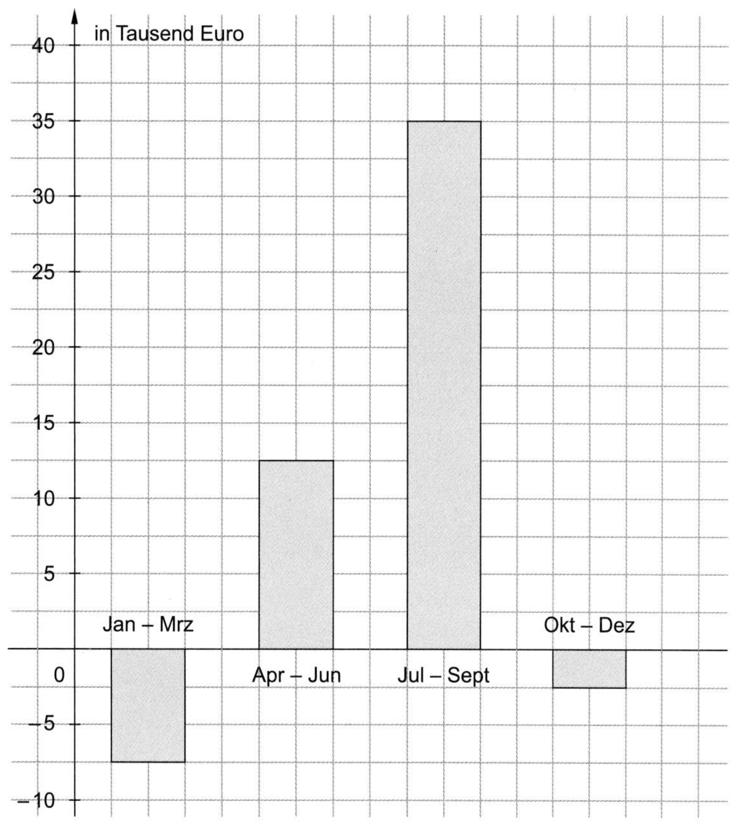


(2 P) a) Berechne das Gesamtergebnis (Gewinne abzüglich Verluste) sowie das durchschnittliche monatliche Ergebnis im letzten Jahr.

(3 P) b) Um die Verluste in den kalten Monaten zu verringern, verkauft die Eisdiele dieses Jahr von Januar bis März zusätzlich süße Waffeln und von Oktober bis Dezember Lebkuchen.
Im ersten Quartal beträgt dadurch der Verlust nur noch 5 % des Verlustes vom Vorjahr und im vierten Quartal kann die Eisdiele ihren Verlust im Vergleich zum Vorjahr um 60 % reduzieren.
Berechne jeweils den verbleibenden Verlust für das erste und für das vierte Quartal diesen Jahres.

5 Punkte

**2.** Anna spart für ihren Führerschein.

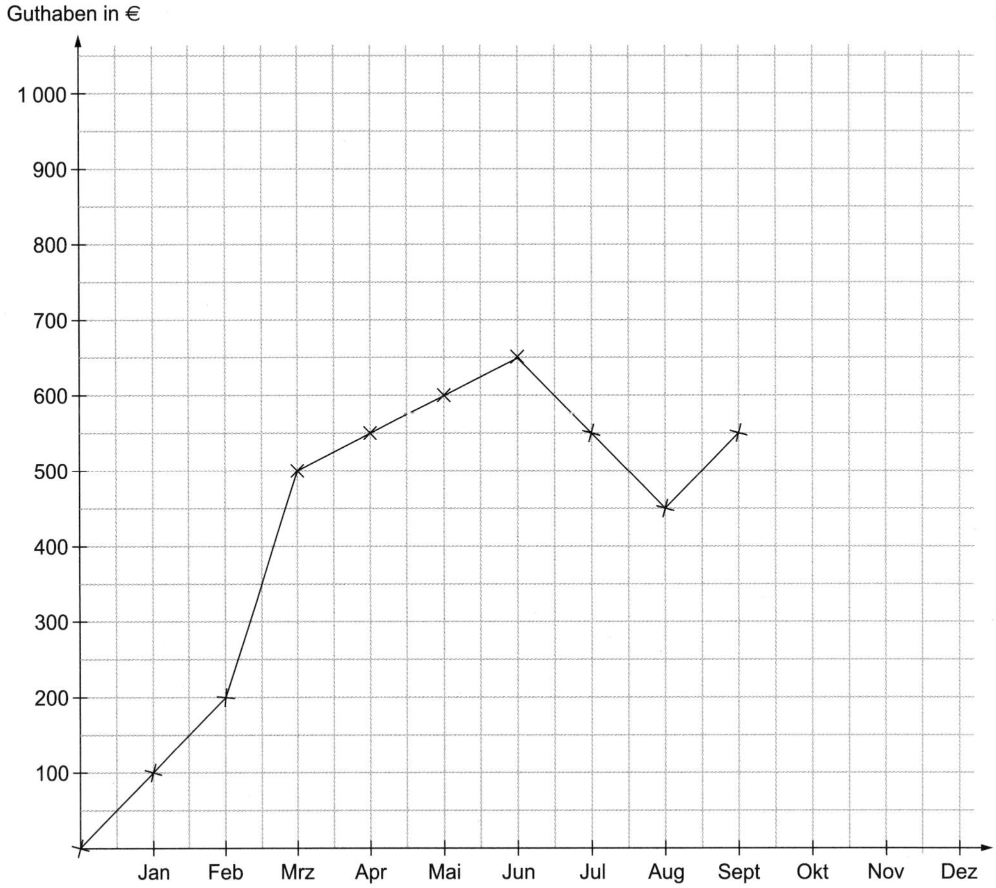


(2 P) a) Anna trägt am Monatsende ihren Guthabenstand immer in ein Koordinatensystem ein.

- Erkläre den Verlauf des Graphen von Ende Juni bis Ende August.
- Ab August spart Anna wieder gleichmäßig. Bestimme, wie viel Geld sie am Ende des Jahres hat.

(3 P) b) Konstantin spart für eine Fernreise. Er bekommt Ende März von seiner Oma 200 € Startguthaben geschenkt und spart von April bis Dezember jeden Monat 50 €.

- Zeichne den Graphen von Konstantin in das Koordinatensystem ein.
- Zu welchem Zeitpunkt hat er genauso viel Geld wie Anna?

5 Punkte

**3.** Gegeben ist ein Dreieck ABC mit den Punkten $A(-3\,|\,0)$, $B(3\,|\,0)$ und $C(0\,|\,3)$.

(2 P) a) Zeichne das Dreieck ABC in ein Koordinatensystem ein (Längeneinheit 1 cm).

(3 P) b) Der Schnittpunkt der Mittelsenkrechten des Dreiecks ist der Mittelpunkt des Umkreises des Dreiecks.

- Zeichne die Mittelsenkrechten zu den drei Seiten des Dreiecks ein und bezeichne den Schnittpunkt mit U.
- Zeichne um U einen Kreis, der durch die Eckpunkte des Kreises geht.
- Berechne den Umfang des Kreises.

# Hauptschulabschlussprüfung in Baden-Württemberg
# Mathematik 2020

## Teil A 1 Pflichtteil

**Hinweis:** Im Teil A 1 (10 Punkte) sind alle Aufgaben zu bearbeiten.

**Zugelassene Hilfsmittel:** Zeichengeräte

1 Punkt

**1.** Ingo sagt: „Zum Doppelten meiner gedachten Zahl wird die Zahl 4 addiert.“
Kreuzen Sie den dazu passenden Term an.

☐ $2+4x$ ☐ $x+2+4$ ☐ $2x+4$ ☐ $2x+4x$

1 Punkt

**2.** Nennen Sie zwei verschiedene Zahlen, die zwischen $\frac{1}{3}$ und $\frac{3}{4}$ liegen.

1 Punkt

**3.** Setzen Sie die Kommas so, dass das Ergebnis zwischen 110 und 120 liegt.
$154 \cdot 715$

1 Punkt

**4.** Um wie viel Prozent wurde die Tasche im Preis reduziert?

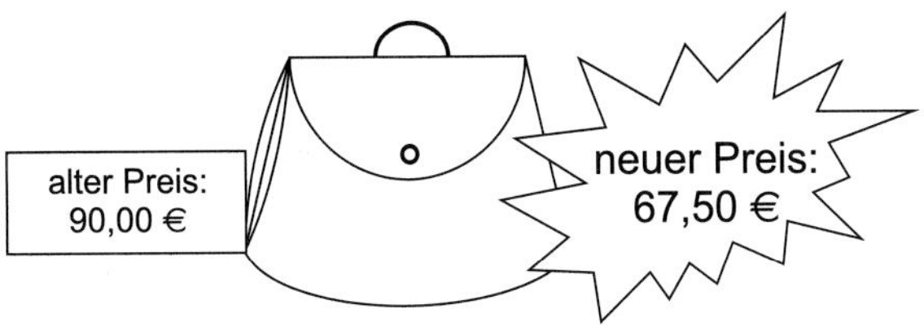


1 Punkt

**5.** Zeichnen Sie ein Viereck, das den gleichen Umfang wie das gleichseitige Dreieck hat.

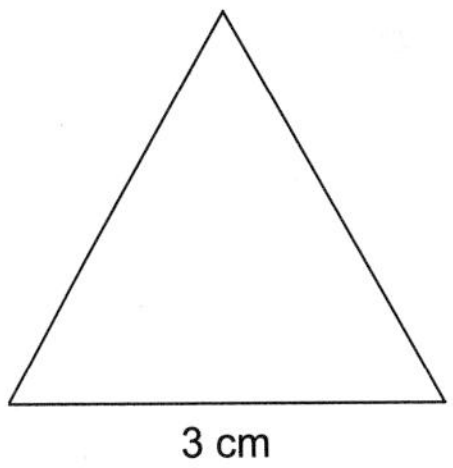


1 Punkt

**6.** Berechnen Sie das Volumen des Körpers.

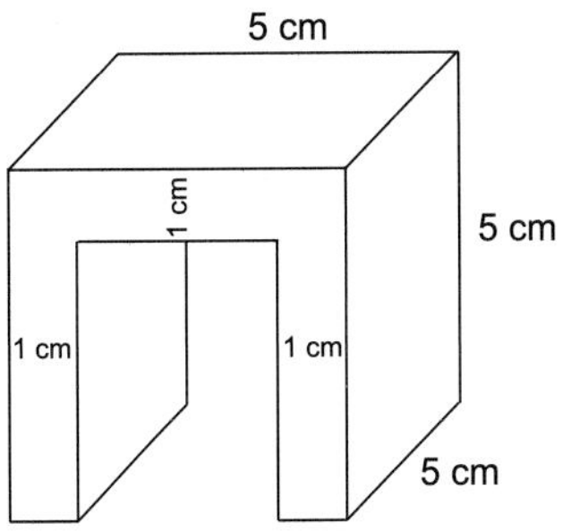


Zeichnung nicht maßstabsgetreu

1 Punkt

**7.** In der Geschwister-Scholl-Schule wurde in der 9. Klasse eine Umfrage durchgeführt. Es wurde gefragt, wer einen Hund besitzt.

| | **9a** | **9b** |
|---|---|---|
| Schüler gesamt | 30 | 20 |
| Schüler mit Hund | 6 | 5 |

In welcher Klasse ist die relative Häufigkeit größer, dass eine Schülerin/ein Schüler einen Hund besitzt? Begründen Sie rechnerisch.

1 Punkt

**8.** Tom und Lisa haben Würfel aufeinander gestapelt.
Wie viele Würfel haben sie jeweils verwendet?

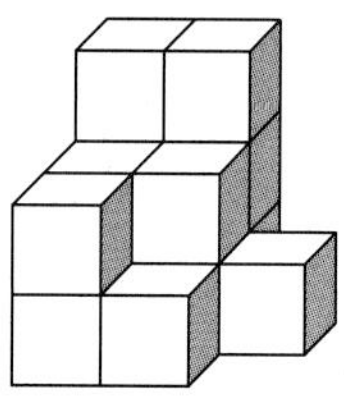

Tom: ______ Würfel

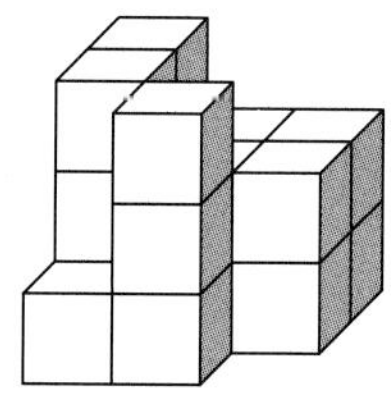

Lisa: ______ Würfel

1 Punkt

**9.** Eine Reisegruppe fährt in 2 vollbesetzten Bussen mit je 48 Sitzplätzen an einen See. Nach der Ankunft verteilen sich die Reisenden auf Boote mit je 12 Sitzplätzen.
Geben Sie an, wie viele Boote für die Reisegruppe mindestens benötigt werden.

1 Punkt

**10.** Ergänzen Sie die fehlenden Werte in der Wertetabelle.

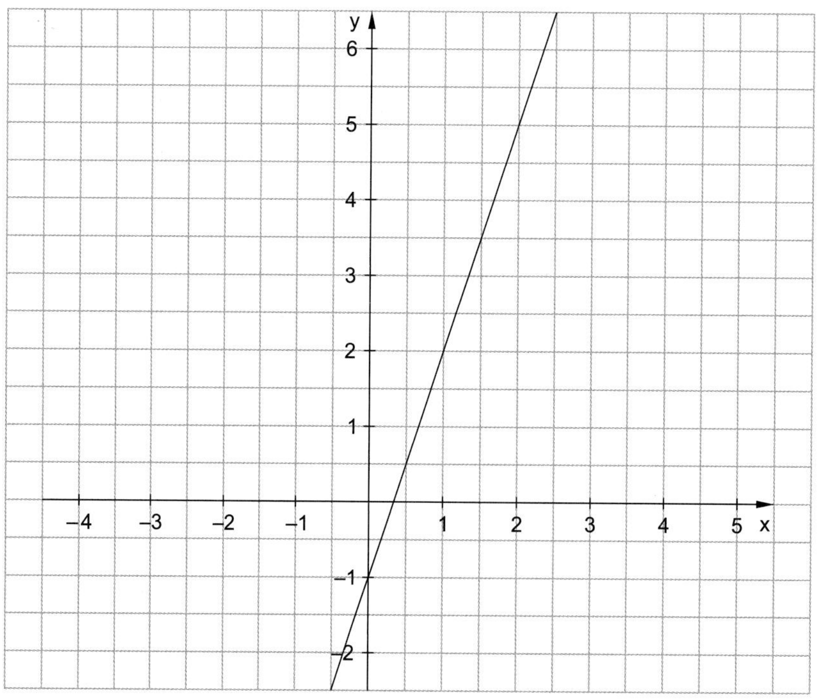


| x | –2 | 0 | | 3 |
|---|---|---|---|---|
| y | –7 | | 2 | 8 |

# Teil A 2 Pflichtteil

**Hinweis:** Im Teil A 2 (10 Punkte) sind alle fünf Aufgaben zu bearbeiten.

**Zugelassene Hilfsmittel:** Zeichengeräte, Formelsammlung, wissenschaftlicher Taschenrechner (nicht programmierbar)

2 Punkte

**1.** Die Löwin ist im Maßstab 1:40 dargestellt.
Wie hoch ist sie in Wirklichkeit?

2 Punkte

**2.** Tim möchte sich alle Teile der Fußballbekleidung kaufen.

- In welchem Geschäft muss er weniger bezahlen? Begründen Sie rechnerisch.
- Wie viel Prozent hat er in Geschäft B zum ursprünglichen Preis gespart?

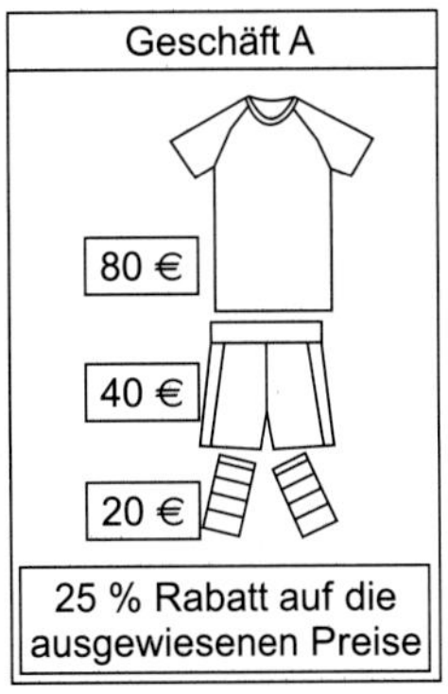


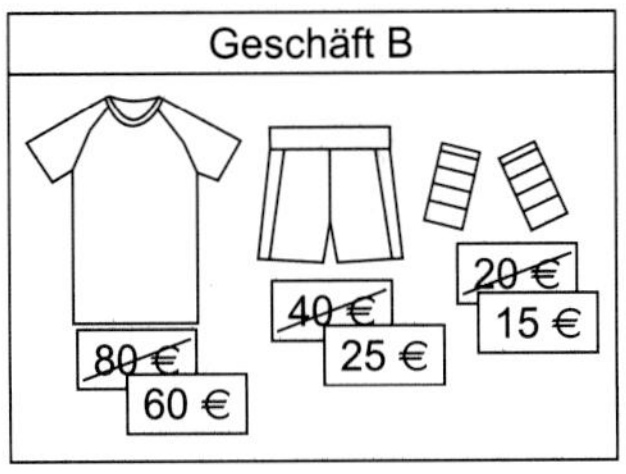


2 Punkte

**3.** Die internationale Raumstation ISS umkreist die Erde.
Eine Umdrehung um die Erde dauert 91 Minuten.
Die ISS befindet sich dabei in durchschnittlich 365 Kilometern Höhe (h) über der Erdoberfläche.
Die Erde hat einen mittleren Radius (r) von 6 371 Kilometern.

Welchen Weg legt die ISS in 60 Minuten zurück?

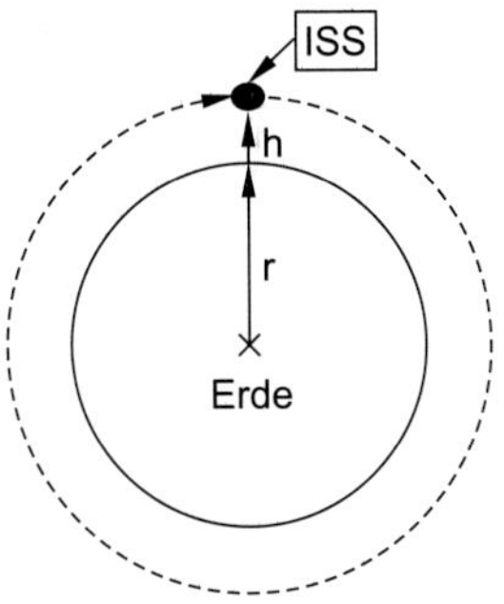


Zeichnung nicht maßstabsgetreu

2 Punkte

**4.** Eine kleine Windkraftanlage wird wie im Bild mit zwei Seilen gesichert.

Wie viel Meter Seil wird mindestens benötigt?

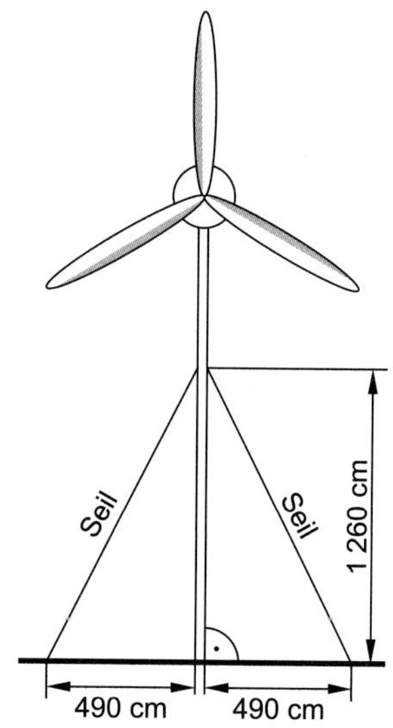


Zeichnung nicht maßstabsgetreu

2 Punkte

**5.** Auf einer Party treffen sich sechs Personen. Jeder schüttelt jedem nur einmal die Hand.

Wie oft werden insgesamt Hände geschüttelt?

# Teil B Wahlteil

**Hinweis:** Im Teil B (10 Punkte) sind zwei der drei Aufgaben zu bearbeiten.

| **Zugelassene Hilfsmittel:** | Zeichengeräte, Formelsammlung, wissenschaftlicher Taschenrechner (nicht programmierbar) |
|---|---|

## Aufgabe 1

3 Punkte

a) Ein zylinderförmiger Wasserbehälter ist zu 95 % mit Wasser gefüllt.

Wie viele $cm^3$ Wasser befinden sich in dem Behälter?

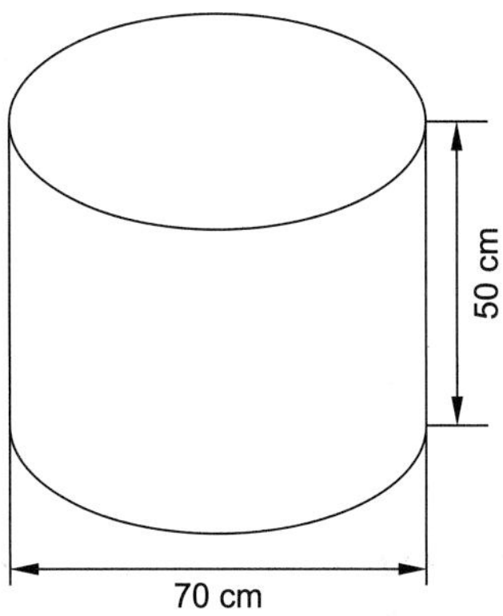


Zeichnung nicht maßstabsgetreu

2 Punkte

b) Ein quaderförmiger Behälter soll das Volumen von 210 Liter haben.

Geben Sie eine Möglichkeit für die Maße des Behälters an.
Bedingung: Kein Maß darf kleiner als 20 cm sein.

## Aufgabe 2

2 Punkte

a) Zeichnen Sie das Dreieck mit den Maßen $c = 6$ cm; $b = 6$ cm und $\alpha = 80°$.
Ermitteln Sie die Winkelgrößen $\beta$ und $\gamma$.

3 Punkte

b) Berechnen Sie den Flächeninhalt Ihres gezeichneten Dreiecks.
Entnehmen Sie die nötigen Maße Ihrer Zeichnung.

Zeichnen Sie ein Dreieck mit dem gleichen Flächeninhalt, bei dem die Seite $c = 10$ cm lang ist.

## Aufgabe 3

2 Punkte

a) Die Klassen 9a und 10b planen jeweils einen Ausflug.
Jede Klasse benötigt dazu einen Kleintransporter.
Im Internet finden sie folgende Angebote:

| Firma Schnell | Firma Flott | Firma Eilig |
|---|---|---|
| Grundpreis: 90 €<br>Preis pro gefahrenem Kilometer: 25 Cent | Kein Grundpreis<br>Preis pro gefahrenem Kilometer: 0,70 € | Preis: 180 € |

- Ordnen Sie die drei Angebote den entsprechenden Graphen zu.
- Ordnen Sie die drei Angebote den entsprechenden Wertetabellen zu.

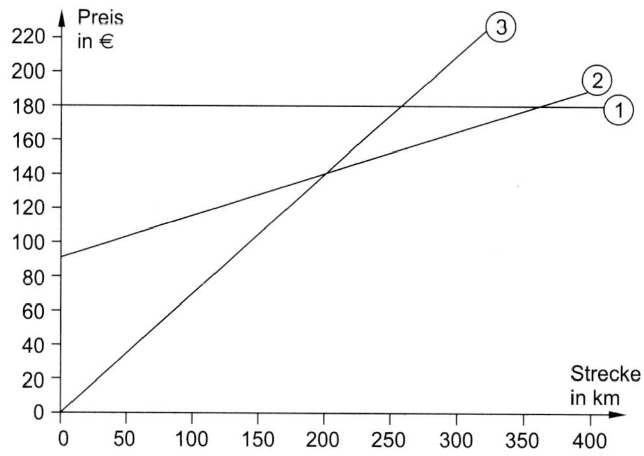


| A | Strecke (km) | 100 | 200 | 300 |
|---|---|---|---|---|
| | Preis (€) | 180 | 180 | 180 |

| B | Strecke (km) | 100 | 200 | 300 |
|---|---|---|---|---|
| | Preis (€) | 70 | 140 | 210 |

| C | Strecke (km) | 100 | 200 | 300 |
|---|---|---|---|---|
| | Preis (€) | 115 | 140 | 165 |

3 Punkte

b) • Die Klasse 9a wird bei ihrem Ausflug voraussichtlich 230 km zurücklegen. Welches Angebot ist am günstigsten? Begründen Sie Ihre Entscheidung.

- Die Klasse 10b möchte nicht mehr als 80 € für den Kleintransporter ausgeben. Welche Strecke können sie maximal zurücklegen? Begründen Sie rechnerisch.

# Hauptschulabschlussprüfung in Baden-Württemberg
# Mathematik 2021

## Teil A 1 Pflichtteil

**Hinweis:** Im Teil A 1 (10 Punkte) sind alle Aufgaben zu bearbeiten.

**Zugelassene Hilfsmittel:** Zeichengeräte

1 Punkt

**1.** Kreuze das richtige Ergebnis an.
$31\,232{,}5 : 3{,}1 =$

☐ 100,75 ☐ 1 007,5 ☐ 10 075 ☐ 10 750

1 Punkt

**2.** In ein Glas passt genau $\frac{1}{4}$ Liter. Wie viele von diesen Gläsern kann man mit dem Inhalt der drei Flaschen füllen?

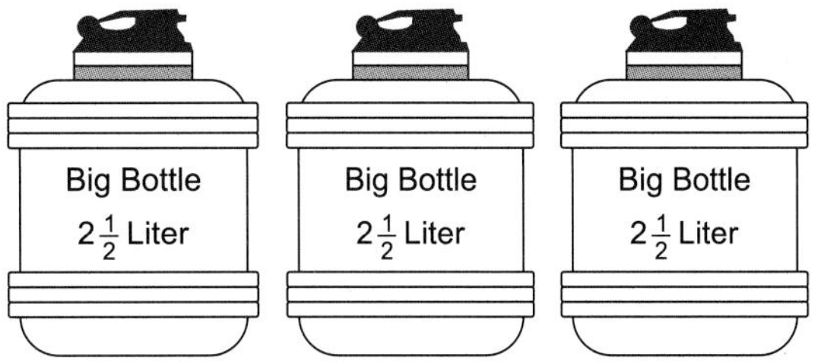


1 Punkt

**3.** Berechne und gib das Ergebnis mit einer 10er-Potenz an.

$3\,700\,000 \cdot 100 =$ ________________

1 Punkt

**4.** Schlussverkauf – alles um 75 % reduziert. Stimmt diese Aussage?
Begründe rechnerisch.

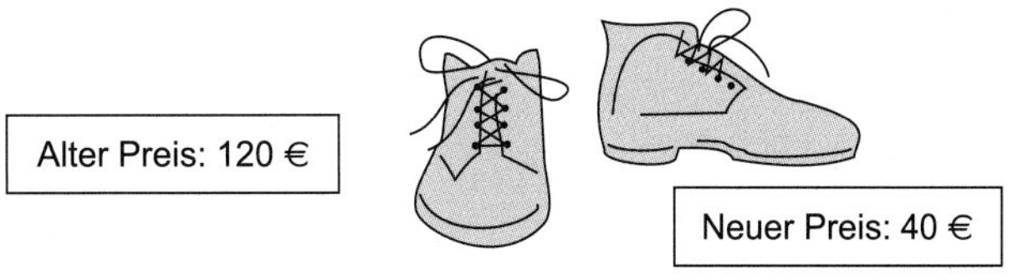


1 Punkt

**5.** Löse die Gleichung.
$4 \cdot (3x - 2) = 8x + 7 - 6x - 10$

1 Punkt **6.** Das Netz gehört zum abgebildeten Quader.
Zeichne in das Quadernetz die beiden Diagonalen ein.

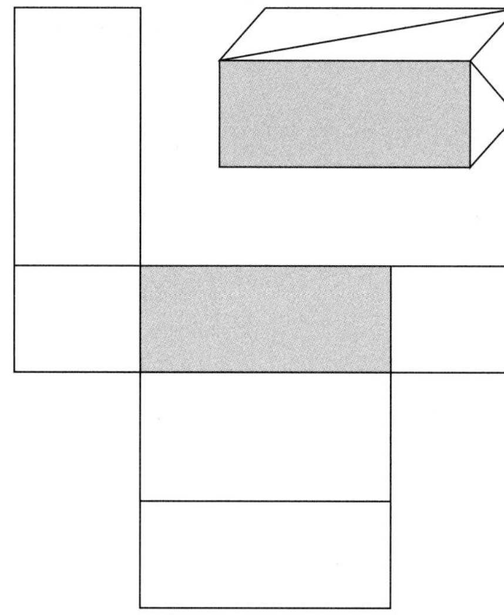

1 Punkt **7.** Haben alle Parallelogramme denselben Flächeninhalt?
Begründe deine Antwort.

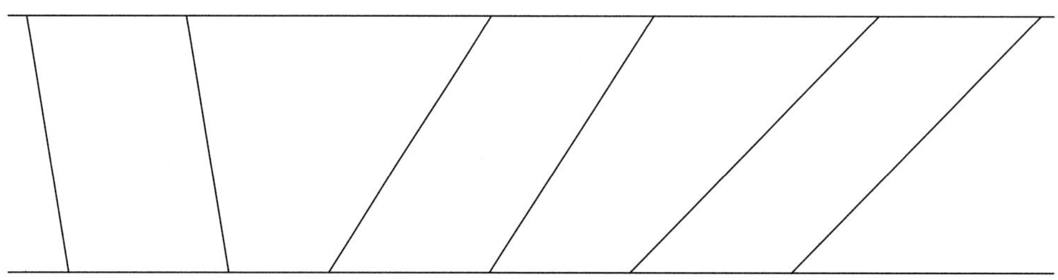

1 Punkt **8.** Im letzten Zeugnis hatten die Schülerinnen und Schüler der Klasse 9b folgende Noten in Mathematik.

<table>
<tr><th>Note 1</th><th>Note 2</th><th>Note 3</th><th>Note 4</th><th>Note 5</th><th>Note 6</th></tr>
<tr><td>||</td><td>|||</td><td>||||/ ||</td><td>|||</td><td>||</td><td></td></tr>
</table>

Berechne den Durchschnitt.

1 Punkt **9.** Von 50 Gummibärchen sind 25 rot, 10 grün und 15 gelb.
Zeichne die prozentuale Verteilung als Balken in das Schaubild ein.

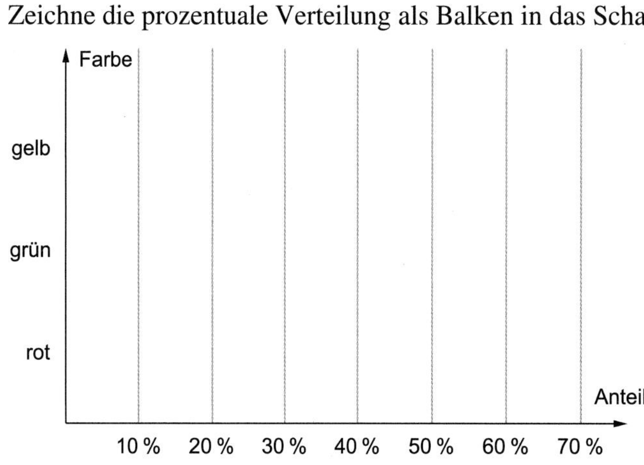

1 Punkt

**10.** Ergänze die fehlenden Werte der proportionalen Zuordnung.

| | | | |
|---|---|---|---|
| Gewicht in g | 20 | 30 | |
| Anzahl der Schrauben | | 120 | 240 |

# Teil A 2 Pflichtteil

**Hinweis:** Im Teil A 2 (10 Punkte) sind alle fünf Aufgaben zu bearbeiten.

| | |
|---|---|
| **Zugelassene Hilfsmittel:** | Zeichengeräte, Formelsammlung, wissenschaftlicher Taschenrechner (nicht programmierbar) |

2 Punkte

**1.** Die Abbildung zeigt die jährlich verwendeten Einwegbecher.
Ein gezeichneter Becher steht für 100 Mio. Becher.
Nur von den Papierbechern werden 70 % mit Plastikdeckel verwendet.

Kunststoffbecher:

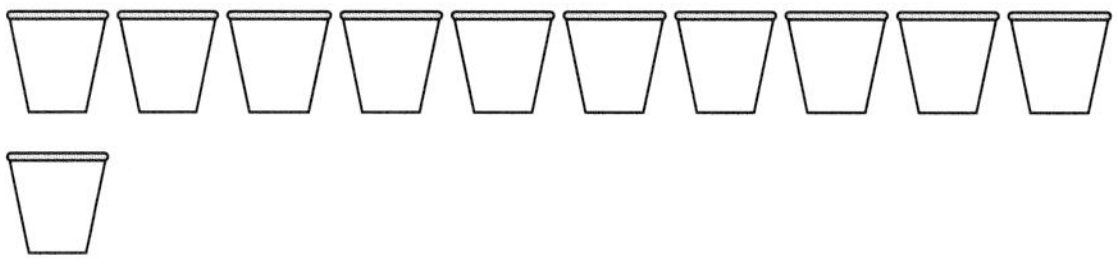

Papierbecher:

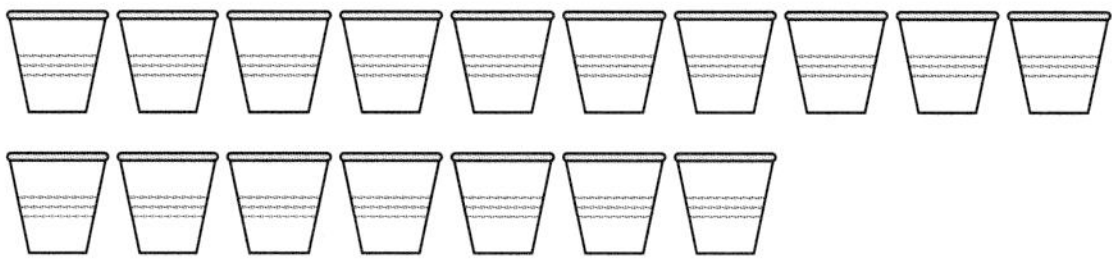

Wie viele Plastikdeckel werden jährlich verwendet?

2 Punkte

**2.** Der Oberflächeninhalt der quadratischen Pyramide und des Würfels sind gleich groß.
Berechne die **schraffierte** Fläche des Würfels.

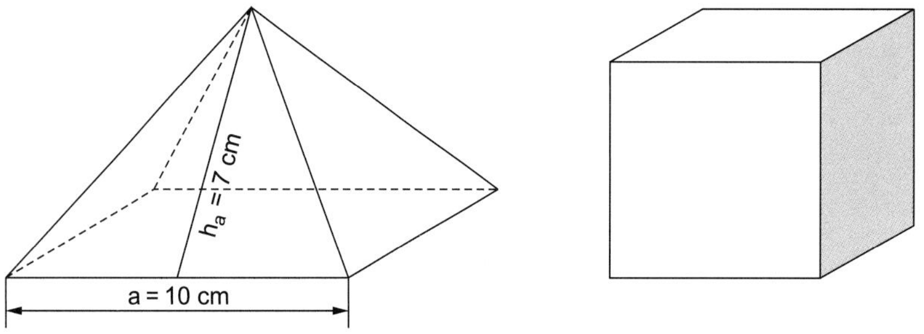


Zeichnung nicht maßstabsgetreu

2 Punkte

**3.** Thorsten behauptet, dass ein Dreieck mit den Seitenlängen $a = 4{,}5$ cm; $b = 5{,}3$ cm und $c = 7{,}0$ cm ein rechtwinkliges Dreieck ist.
Hat er recht? Begründe.

2 Punkte

**4.** Für das Schulfest möchte Luisa Flyer bestellen.
Sie hat 3 verschiedene Angebote:

| | |
|---|---|
| **Angebot 1:** | |
| Stückpreis: | 0,39 € |
| Einmalige Bearbeitungsgebühr: | 45,00 € |
| **Angebot 2:** | |
| Stückpreis: | 0,45 € |
| **Angebot 3:** | |
| Stückpreis vom 1. bis zum 500. Flyer: | 0,49 € |
| Stückpreis vom 501. bis zum 1 000. Flyer: | 0,39 € |

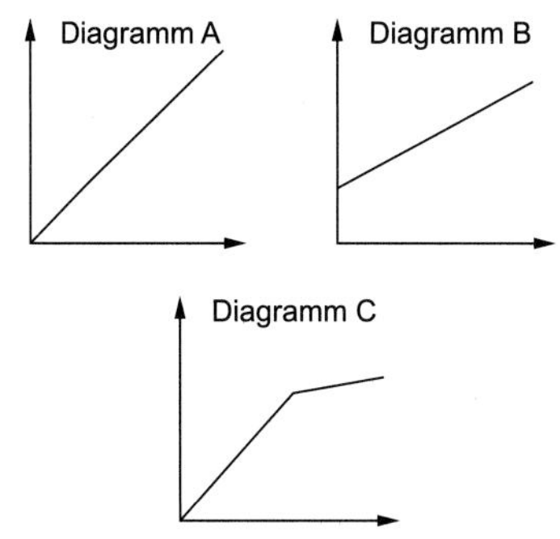


- Welches Angebot gehört zu welchem Graphen?
- Für welches Angebot soll sich Luisa bei 1 000 Flyern entscheiden, wenn sie das günstigste Angebot wählen soll?
  Begründe rechnerisch.

2 Punkte

**5.** Aus zwei Schachteln werden blind Kugeln gezogen. Die Kugel aus der ersten Schachtel bildet die Zehnerstelle der Zahl, die Kugel aus der zweiten Schachtel bildet die Einerstelle der Zahl.

- Gib alle möglichen Kombinationen an.
- Berechne die Wahrscheinlichkeit, eine gerade Zahl zu erhalten.

| Zehner: | Einer: |
|---|---|
| 2 3 4 | 6 7 9 |

# Teil B Wahlteil

Hinweis: Aufgrund der Corona-Pandemie standen in diesem Jahr vier Wahlaufgaben zur Verfügung. Die Lehrkraft konnte vor der Prüfung drei der vier Aufgaben auswählen. Von diesen verbliebenen drei Aufgaben mussten zwei bearbeitet werden.

**Hinweis:** Im Teil B (10 Punkte) sind zwei der drei Aufgaben zu bearbeiten.

**Zugelassene Hilfsmittel:** Zeichengeräte, Formelsammlung, wissenschaftlicher Taschenrechner (nicht programmierbar)

## Aufgabe 1

2 Punkte

a) Die abgebildete Umfrage ergab, dass 270 der befragten Personen beim Kauf von Kleidung auf die Marke achten.

Wie viele der befragten Personen achten beim Kauf auf den **Preis**?
Begründe rechnerisch.

3 Punkte

b) Familie Klein möchte ihre Rasenfläche entlang der gestrichelten Linie einzäunen.

Wie viel kostet der Zaun, wenn der Preis für ein 2,5 m langes Zaunstück 62,50 € beträgt?

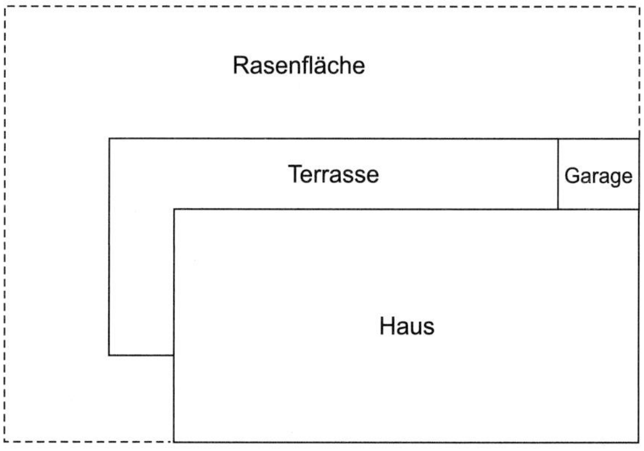


Maßstab 1 : 500

## Aufgabe 2

2 Punkte a)

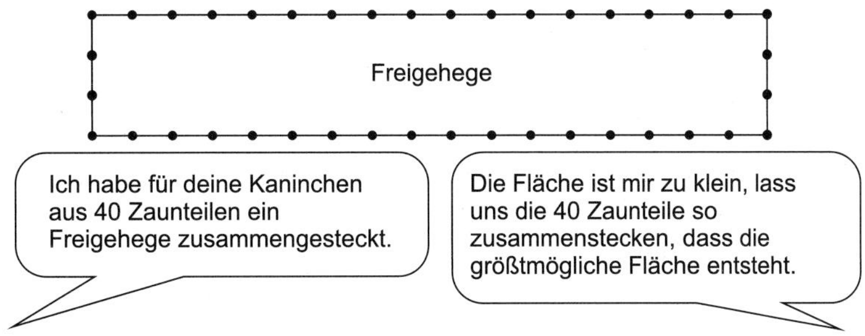


Wie sollen die Teile gesteckt werden, damit die größtmögliche viereckige Fläche entsteht?

3 Punkte b) Für einen Schulgarten wurde eine Überdachung gebaut.
Zuerst wurde Dachform 1 geplant. Aus Kostengründen wurde dann die Dachform 2 gebaut.

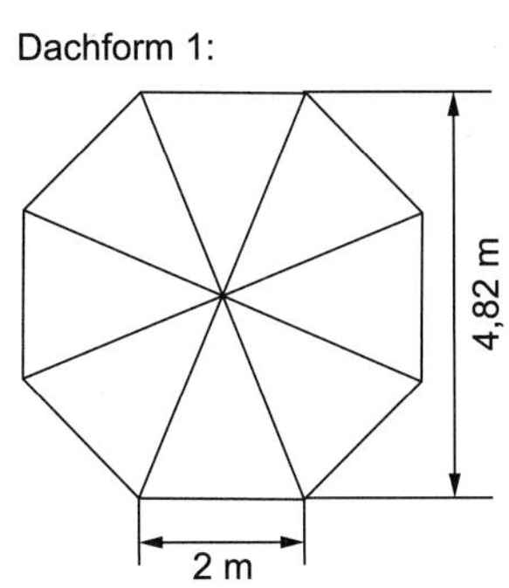


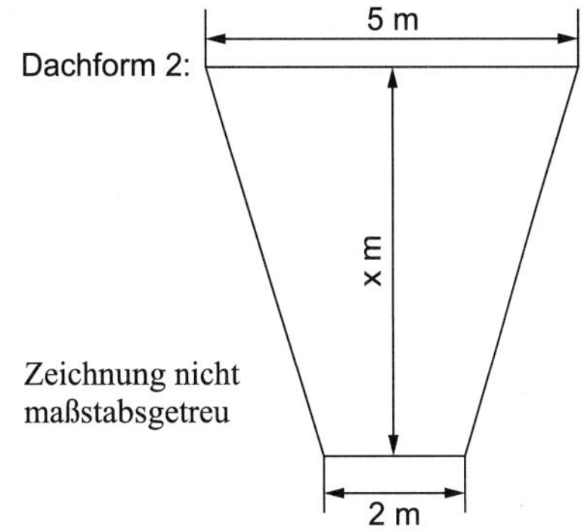


Dachform 1 und Dachform 2 haben den gleichen Flächeninhalt.
Berechne die Länge von x für Dachform 2.

## Aufgabe 3

2 Punkte

a) Für ein Glücksrad gilt:

- alle Flächen sind gleich groß
- jede Fläche hat eine andere Farbe

Prüfe die Aussagen und kreuze jeweils „wahr" oder „falsch" an.

| Aussage | wahr | falsch |
|---|---|---|
| Je mehr Flächen es sind, umso größer ist die Wahrscheinlichkeit, eine bestimmte Farbe zu drehen. | ☐ | ☐ |
| Die Wahrscheinlichkeit jeder Farbe ist gleich groß. | ☐ | ☐ |
| Eine gewünschte Farbe ist lange nicht gedreht worden. Die Wahrscheinlichkeit, diese Farbe beim nächsten Mal zu drehen, ist nun höher. | ☐ | ☐ |
| Wenn die Wahrscheinlichkeit, eine Farbe zu drehen, bei 12,5 % liegt, dann ist das Glücksrad in 8 Flächen unterteilt. | ☐ | ☐ |

3 Punkte

b) Berechne die abgebildete zusammengesetzte Fläche.

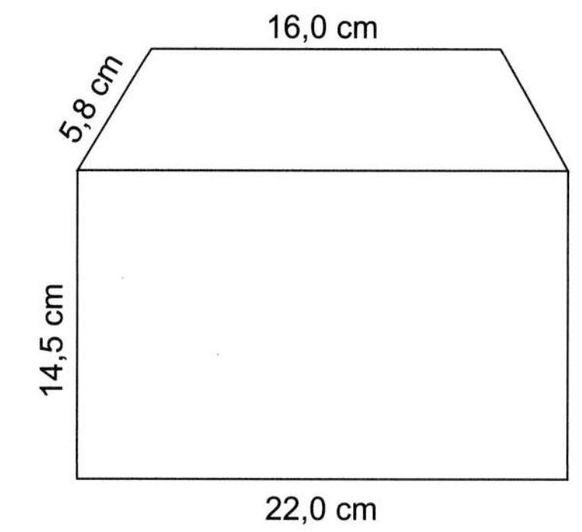


Zeichnung nicht maßstabsgetreu

## Aufgabe 4

2 Punkte

a) Simone hat 1 850 € gespart und möchte das Geld bei einer Bank 3 Jahre anlegen. Immer am Ende des Jahres werden die Zinsen zum Kapital hinzugezählt. Sie hat zwei Angebote eingeholt.

Wie groß ist der Zinsunterschied? Bei welchem Angebot bekommt man nach drei Jahren mehr Zinsen?

**Bank A:**
Zinssatz

| | |
|---|---|
| 1. Jahr: | 0,9 % |
| 2. Jahr: | 0,9 % |
| 3. Jahr: | 0,9 % |

**Bank B:**
Zinssatz

| | |
|---|---|
| 1. Jahr: | 0,4 % |
| 2. Jahr: | 1,1 % |
| 3. Jahr: | 1,3 % |

3 Punkte

b)
- Zeichne ein Dreieck mit $\beta = 34°$, $\gamma = 56°$ und $a = 10$ cm und beschrifte die Eckpunkte.
- Wie in der Skizze dargestellt, treffen sich bei einem gleichseitigen Dreieck die Winkelhalbierenden in einem Punkt. Berechne den Winkel $\delta$.

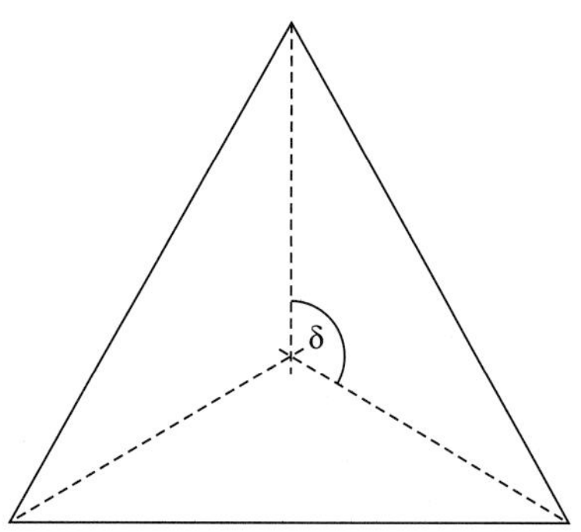


Zeichnung nicht maßstabsgetreu

## Deutsch

# Hinweise und Tipps zur Abschlussprüfung im Fach Deutsch

Die schriftliche Abschlussprüfung im Fach Deutsch besteht seit 2020 aus **zwei Pflichtteilen** (Teil A 1 und A 2) und **einem Wahlteil** (Teil B).

- **Teil A 1:** Pflichtteil

  Im ersten Teil der Prüfung erhältst du einen **Sachtext**. Zu diesem Text werden dir **verschiedene Aufgaben** gestellt, die du bearbeiten sollst. Anhand deiner Lösungen wird zum einen geprüft, ob du in der Lage bist, den Text zu verstehen, und ob du dein **Textverständnis** auch schriftlich zum Ausdruck bringen kannst. Darüber hinaus werden dir in diesem Teil einige Aufgaben zum **Sprachgebrauch** (z. B. Grammatik, Rechtschreibung, Interpunktion) gestellt. In diesem Aufgabenteil kannst du maximal 25 Punkte erreichen.

- **Teil A 2:** Pflichtteil

  Dieser Teil der Prüfung bezieht sich auf die **Ganzschrift**, die ihr in diesem Schuljahr gelesen habt. Auch hier wird zunächst anhand einiger Aufgaben dein **Textverständnis** geprüft. Anschließend wird dir noch eine sogenannte **produktive Aufgabe** gestellt. Du wirst aufgefordert, die Perspektive einer der Figuren des Romans einzunehmen und aus ihrer Sicht einen kurzen Text zu verfassen. Es kann z. B. sein, dass du einen Tagebucheintrag aus Sicht der Hauptfigur verfassen sollst; infrage kämen auch diese Textsorten: innerer Monolog, Dialog oder persönlicher Brief. Für diesen Aufgabenteil erhältst du ebenfalls maximal 25 Punkte.

- **Teil B:** Wahlteil

  Im Teil B bekommst du **drei Aufgaben** vorgelegt, von denen du **eine Aufgabe** auswählen und bearbeiten musst.
  Diese drei Aufgabentypen stehen dir zur Auswahl:
  1. Textgebundene lineare Erörterung
  2. Textbeschreibung (Prosatext)
  3. Textbeschreibung (Lyrik)

  Die Wahlaufgabe wird mit höchstens 50 Punkten bewertet.

Die Bearbeitungszeit beträgt **180 Minuten**, eine separate Einlesezeit gibt es nicht. Während der gesamten Prüfungszeit darfst du ein **Rechtschreibwörterbuch** verwenden. Die Rechtschreibung fließt in die Bewertung mit ein. Insgesamt kannst du in der Prüfung **100 Punkte** erreichen: je 25 Punkte in den Teilen A 1 und A 2 sowie 50 Punkte in Teil B.

## Bewertungsschlüssel

| Punkte | Note | Punkte | Note | Punkte | Note |
|---|---|---|---|---|---|
| 100–99,0 | 1,0 | 67,0–65,5 | 2,7 | 33,0–31,0 | 4,4 |
| 98,5–97,0 | 1,1 | 65,0–63,0 | 2,8 | 30,5–29,0 | 4,5 |
| 96,5–95,5 | 1,2 | 62,5–61,0 | 2,9 | 28,5–27,5 | 4,6 |
| 95,0–93,5 | 1,3 | 60,5–59,0 | 3,0 | 27,0–25,5 | 4,7 |
| 93,0–91,0 | 1,4 | 58,5–57,0 | 3,1 | 25,0–23,0 | 4,8 |
| 90,5–89,0 | 1,5 | 56,5–55,5 | 3,2 | 22,5–21,0 | 4,9 |
| 88,5–87,5 | 1,6 | 55,0–53,5 | 3,3 | 20,5–19,0 | 5,0 |
| 87,0–85,5 | 1,7 | 53,0–51,0 | 3,4 | 18,5–17,0 | 5,1 |
| 85,0–83,0 | 1,8 | 50,5–49,0 | 3,5 | 16,5–15,5 | 5,2 |
| 82,5–81,0 | 1,9 | 48,5–47,5 | 3,6 | 15,0–13,5 | 5,3 |
| 80,5–79,0 | 2,0 | 47,0–45,5 | 3,7 | 13,0–11,0 | 5,4 |
| 78,5–77,0 | 2,1 | 45,0–43,0 | 3,8 | 10,5–9,0 | 5,5 |
| 76,5–75,5 | 2,2 | 42,5–41,0 | 3,9 | 8,5–7,5 | 5,6 |
| 75,0–73,5 | 2,3 | 40,5–39,0 | 4,0 | 7,0–5,5 | 5,7 |
| 73,0–71,0 | 2,4 | 38,5–37,0 | 4,1 | 5,0–3,0 | 5,8 |
| 70,5–69,0 | 2,5 | 36,5–35,5 | 4,2 | 2,5–1,0 | 5,9 |
| 68,5–67,5 | 2,6 | 35,0–33,5 | 4,3 | 0,5–0,0 | 6,0 |

## Übungsaufgabe 1 im Stil der Hauptschulabschlussprüfung Deutsch

**Gesamtbearbeitungszeit: 180 Minuten**

Teil A 1 und Teil A 2 (Pflichtteile)
Hilfsmittel: Rechtschreibwörterbuch, Lektüre, die im Unterricht gelesen wurde
Alle Aufgaben sind zu bearbeiten
**Schreibe die Antworten auf separate Blätter.**

## Teil A 1

Lies den folgenden Sachtext und bearbeite anschließend die Aufgaben.

**Pubertät: ... denn sie wissen nicht, was sie tun**
VON CLAUDIA LANDOLT

Schlechte Manieren habe die Jugend und verachte Autoritäten. „Sie widersprechen ihren Eltern, verschlingen bei Tisch ihre Süßspeisen und tyrannisieren die Lehrer.“ Die Klage stammt nicht etwa von nervenschwachen Eltern im Pubertätsstress, sondern vom Philosophen Sokrates. Und der beklagte immerhin schon vor rund 2 400 Jahren das Gebaren der heranwachsenden Söhne und Töchter seines Landes.

Daran geändert hat sich bis heute nicht viel. Die von Sokrates beschriebene Tyrannei sitzt in jeder guten Stube. Bei manchen beginnt das unmögliche Benehmen schon mit zehn Jahren. Sie benehmen sich zum Davonlaufen, boykottieren den Familienausflug oder verweigern grundsätzlich jede Antwort. Eltern, vor allem Mütter, fragen sich: Wo ist es hin, das freundliche Wesen von einst? Das Kind, das Milchzähne sammelte und freigiebig Küsse verteilte?

Wie lange müssen Eltern die Pubertät ihres Kindes aushalten? Die gute Nachricht: Es wird besser. Die schlechte: Es dauert.

Anna tastet sich seit nunmehr vier Jahren durch diese Zeit. Die 44-jährige Lehrerin ist Mutter zweier pubertierender Söhne von 14 und 16 Jahren. Der Jüngere gibt seit einem Jahr nur Ein-Wort-Antworten von sich. Was es an Hausaufgaben gibt? „Nichts.“ Wie die Party bei David war? „Gut.“ Wo er denn um Himmels willen seine nagelneue Jacke liegen gelassen habe? „Ähm.“

Sein älterer Bruder dagegen ist sehr redselig, allerdings nur, wenn er zu Hause ist – was selten der Fall ist. In der Schule ein As, gibt er mit seinen Kollegen gern das Enfant terrible[1]. Zu Hause erzählt er Horrorgeschichten über Schlägereien [...] im Park. Sein Pubertätsdasein gipfelt in regelmäßigen Anrufen der Polizei um drei oder fünf Uhr morgens, ob man denn den randalierenden Sohn bitte abholen möchte.

**1** *Enfant terrible: schreckliches Kind*

2 *Testosteron: wichtiges Geschlechtshormon, das bei Männern besondere Kräfte weckt*

3 *adäquat: angemessen*

4 *Lethargie: Trägheit, auffallende Ruhe*

5 *per se: an sich*

6 *Coolheitskredit: was der Mutter an Coolheit eingeräumt wird*

7 *Terrain: Gelände, Gebiet*

**Besser als gedacht**

Jungs haben den Ruf, besonders häufig über die Stränge zu schlagen. Dabei gelten jene Knaben als besonders gefährdet, die viel Testosteron[2] im Blut haben und früh in die Pubertät kommen. Das Hormon erhöht die Aggressivität. Dennoch: Straffälligkeit im juristischen Sinn ist selten.

„Nur ein kleiner Teil von fünf bis zehn Prozent überschreitet die Grenzen und wird straffällig", erklärt die Entwicklungspsychologin [...] Françoise Alsaker. Sie stützt sich dabei auf das Ergebnis einer Studie an 7 500 Jugendlichen aus dem Jahr 2007. Zur Überraschung der Forscher verstanden sich auch 85 Prozent der Befragten sehr gut mit den Eltern. Es gebe natürlich Konflikte, etwa um die Ausgehzeiten, aber nur selten bestünden grundlegende Auseinandersetzungen, welche die Beziehung dauerhaft beschädigten.

Es muss also noch da sein, das freundliche Wesen. Ja, betonen die Pubertätsforscher. Es komme nur gerade nicht mehr heraus. In der Pubertät bilden sich im Gehirn neue Vernetzungen zwischen den Bereichen, die für Gefühle und Kontrolle zuständig sind. In dieser Zeit kann man seine Gefühle nicht so steuern, wie man das als Erwachsener kann. Und ist schon von Kleinigkeiten gestresst.

**Biologisch bedingte Faulheit**

Die Unfähigkeit zur adäquaten[3] Reaktion hat also biologische Gründe [...]. Zumal die Kids ja wirklich gestresst sind. Von der Schule, von nörgelnden Eltern, von blöden Mitschülern und der ersten Liebe. Dagegen helfe nur „pflanzenartige Lethargie"[4], wie Autor Jan Weiler [...] schreibt. „Das pubertierende Kind kann nicht aufräumen, weil es keinen Bock auf Stress hat. Es kann nicht ans Telefon gehen, weil es das Klingeln unter Leistungsdruck setzt. Es hätte gerne Salz in der Sauce, isst diese aber auch ungesalzen, wenn es das Salz selber holen muss." Die Faulheit, erzieherischer Pubertätskonfliktherd Nummer eins, ist nicht per se[5] gewollte Rebellion.

Stimmungsschwankungen sind Konflikt Nummer zwei. Die 13-jährige Livia zum Beispiel, das älteste Kind von Sarah, einer Bankkauffrau. Gut in der Schule und im Sport, nörgelt sie zu Hause permanent herum. Die Stimmungsschwankungen seien eine große Herausforderung, sagt Sarah. Einmal wurde sie „als langweilige, frustrierte Ökotante" beschimpft, weil sie ihrer Tochter verbot, bei frischen 7 Grad Celsius Shorts, String und Tanktop zu tragen. Nie wolle sie so enden wie sie, nie!, protestierte das Kind. Als Sarah nachfragte, schaute die Tochter sie mitleidig an: „Weil du immer geblümte langärmelige Blusen trägst." [...] Beim Frühstück war alles wieder vergessen, der Coolheitskredit[6] der Mutter wieder aufgefüllt. [...]

**Chaos innen und außen**

[...] Die Pubertät ist ein Abschied von gestern, ein Abschied vom bekannten Terrain[7]. Das neue Land ist noch nicht in Sicht, seine Regeln und Rituale noch unbekannt. Was hilft in der Zeit dieser Orientierungslosigkeit? Laut Jan Weiler nur bedingungsloses Verständnis: „Damit ist keine Haltungslosigkeit gemeint, aber die unbedingte Bereitschaft, die Sorgen der Kinder ernst zu nehmen."

*Quelle: Claudia Landolt: Pubertät: ... denn sie wissen nicht, was sie tun. In: Das Schweizer ElternMagazin Fritz+Fränzi, 01. 11. 2015. Im Internet unter: https://www.fritzundfraenzi.ch/erziehung/entwicklung/pubertat-denn-sie-wissen-nicht-was-sie-tun; Bilder: Suzanne Tucker. Shutterstock.com (S. 113), Kamira. Shutterstock.com (S. 114)*

## Textverständnis

**12 Punkte**

1. Welche Verhaltensweisen sind typisch für Heranwachsende – und welche nicht? Notiere zu jeder Aussage auf deinem extra Blatt „richtig“ oder „falsch“. (4 P.)
   a) Heranwachsende leiden unter Stimmungsschwankungen.
   b) Sie begehen Straftaten.
   c) Sie sind unordentlich.
   d) Sie wollen mit ihren Eltern nichts mehr zu tun haben.

2. Erkläre, warum Jungen in der Pubertät besonders aggressiv reagieren. Du musst **zwei** Gründe nennen. (2 P.)

3. Warum sind Jugendliche leicht gestresst? Nenne vier häufig vorkommende Auslöser von Stress. (4 P.)

4. „Das neue Land ist noch nicht in Sicht [...].“ (Z. 73) Erläutere den Sinn dieses Satzes. (2 P.)

## Sprachgebrauch

**13 Punkte**

1. Weise nach, dass die folgenden Wörter richtig geschrieben sind. (4 P.)
   *Hinweis:* Es geht jeweils um die Stelle, die durch Fettdruck hervorgehoben ist.
   a) Schl**ä**gereien
   b) Übe**rr**aschung
   c) Kontro**ll**e
   d) Abschie**d**

2. Schreibe aus dem Text jeweils ein Beispiel für die folgenden **Wortarten** heraus: (4 P.)
   a) Konjunktion
   b) Präposition
   c) Artikel
   d) Pronomen

3. Schreibe die folgenden Sätze richtig ab und ergänze dabei alle fehlenden Satzzeichen. (2 P.)
   a) Jugendliche die in der Pubertät sind verunsichern Erwachsene oft durch ihr ungewohntes Verhalten.
   b) Sie fragen sich wo das liebe Kind ist das gestern noch bereitwillig Küsse und Kekse verschenkt hat.

4. Bilde aus den folgenden Satzgliedern vollständige Sätze. Ergänze als Prädikat jeweils das in Klammern angegebene Verb in der richtigen Zeitform. (3 P.)
   a) in Streit / einige Jugendliche / mit ihren Müttern / regelmäßig / wegen ihrer Kleidung *(geraten, Perfekt)*
   b) der Geschmack ihrer Eltern / ihren eigenen Vorlieben / häufig *(widersprechen, Präsens)*
   c) die Eltern und ihre Kinder / eines Tages / wieder *(vertragen, Futur I)*

*Hinweis:* In dieser Übungsaufgabe sind **zwei Aufgabenteile A2 aufgeführt**. Du musst **nur einen Teil** davon bearbeiten – je nachdem, welche Lektüre ihr im Unterricht durchgenommen habt.

## Teil A 2

25 Punkte **Lektüre „Blackbird" von Matthias Brandt**

(2 P.) 1. Der Titel des Romans lautet „Blackbird". Nenne zwei Bedeutungen, die Motte, der Ich-Erzähler, damit verbindet.

(3 P.) 2. Mottes Leben gerät unerwartet aus den Fugen. Wie kommt es dazu? Nenne drei Ereignisse, die dazu führen. Schreibe jeweils vollständige Sätze.

(4 P.) 3. Wer sind die folgenden Personen? Beschreibe mit wenigen Worten, welche Rolle sie in Mottes Leben spielen.
   a) Bogi
   b) Claudia Hunger-Löper
   c) Jacqueline Schmiedebach
   d) Stefanie Fuchs

(4 P.) 4. An seinem 16. Geburtstag schreibt Motte einen langen Brief an Jacqueline. Erkläre, welche Botschaft er ihr damit vermitteln will und warum er für das Schreiben des Briefes so lange braucht.

(4 P.) 5. Stelle dar, welche Rolle die Musik für Motte und seine Freunde spielt.

(8 P.) 6. Am Abend nach dem missglückten Kinobesuch ist Motte so aufgewühlt, dass er einen Eintrag in sein Tagebuch schreibt, um sich über seine Gefühle klar zu werden. Schreibe diesen **Tagebucheintrag** (mindestens 80 Wörter).

   Gehe darauf ein, …
   - wie Motte sich den Ablauf des Kinobesuchs vorgestellt hat.
   - was er zunächst gedacht hat, als er Jacqueline zusammen mit einem Jungen kommen sah.
   - weshalb er mitten in der Vorstellung das Kino verlässt.
   - was er künftig tun will, um die Begegnung mit Jacqueline zu vermeiden.

## Teil A 2

**Lektüre „Nathan und seine Kinder“ von Mirjam Pressler** **25 Punkte**

1. Wo und wann spielt der Roman? Nenne den Schauplatz der Handlung und das Jahrhundert, in dem das Geschehen spielt. (2 P.)

2. Entscheide: Welche der folgenden Aussagen stimmen und welche nicht? Notiere auf deinem gesonderten Papierbogen zu jeder Aussage „richtig“ oder „falsch“. (5 P.)

   a) Nathan ist ein reicher Geschäftsmann.

   b) Recha ist nicht die leibliche Tochter Nathans.

   c) Daja führt Nathan den Haushalt.

   d) Der Tempelritter ist bei seinem Vater aufgewachsen.

   e) Der Sultan geht verschwenderisch mit Geld um.

3. „Einer wie du ...“ – diese Worte hat der Tempelritter in seiner Kindheit oft gehört. Beschreibe, wie das auf ihn gewirkt hat. (2 P.)

4. Erkläre, weshalb Recha den Tempelritter am Anfang für einen Engel hält. (2 P.)

5. Der Sultan hat alle Kreuzritter, die seine Truppen gefangen genommen haben, brutal hinrichten lassen; nur einen Tempelritter hat er verschont. Warum hat er bei ihm Milde walten lassen? Nenne den Grund. (2 P.)

6. Der Patriarch will dem Tempelritter einen Auftrag geben. Beschreibe diesen Auftrag – und erkläre, weshalb der Tempelritter es ablehnt, diese Aufgabe zu erfüllen. (4 P.)

7. Nachdem der Tempelritter erfahren hat, dass Recha in Wirklichkeit eine Christin ist, sucht er den Patriarchen ein zweites Mal auf. Er will von ihm wissen, was davon zu halten ist, wenn ein Jude ein Christenmädchen im jüdischen Glauben aufwachsen lässt. Anschließend fragt er sich, ob es richtig gewesen ist, den Patriarchen in dieser Angelegenheit um Rat gebeten zu haben. – (8 P.)

   Schreibe einen **inneren Monolog** (ungefähr 80 Wörter), in dem der Tempelritter sich Gedanken über seinen Besuch beim Patriarchen macht. Lass den Tempelritter vor allem darüber nachdenken, ...

   - warum die Frage von Rechas Religion ihn beschäftigt hat.
   - warum er den Patriarchen in dieser Angelegenheit um Rat gefragt hat.
   - warum ihn die Reaktion des Patriarchen entsetzt.
   - warum er den Sultan aufsuchen will.

Teil B (Wahlteil)
Hilfsmittel: Rechtschreibwörterbuch
Eine der Aufgaben ist zu bearbeiten
**Schreibe deinen Text auf separate Blätter.**

50 Punkte

## Teil B

### Aufgabe 1: Erörterung

**Warum wohnt man mit 28 noch bei Mama und Papa?**

VON LARISSA REHBOCK

Im Regal stehen ein Pokal vom Beer-Pong-Turnier, Bayern-München-Fanartikel und ein paar Flaschen Alkohol. Daneben steht ein 90-Zentimeter breites Bett, ein Schreibtisch, ein Window-Color-Bild am Fenster. Auf diesen zwölf Quadratmetern wohnt der 28-jährige Tom im Haus seiner Eltern in einem Dorf in Niedersachsen. Tom arbeitet als Elektriker. Eine eigene Wohnung hat er nicht. Warum auch? Bei seinen Eltern bekommt er alles, was er braucht. [...]

**Vermisst er nichts? Warum wohnt man mit 28 noch zu Hause?**

Tom wohnt nicht allein mit seinen Eltern. Aus der Küche im Erdgeschoss dröhnen Stimmen, im Flur steht ein Foto der fünfköpfigen Familie auf einem Beistelltisch. Tom hat zwei kleine Brüder, Benedikt und Raphael, 25 und 23 Jahre alt.

Die Tage laufen hier im Haus meist gleich ab: Nach der Arbeit trinken alle zusammen Kaffee, um 18 Uhr gibt es Abendessen.

„Wir wollen mindestens eine Mahlzeit am Tag haben, bei der wir zusammensitzen. Wir erzählen von unserem Tag oder sprechen über anstehende Probleme", sagt Toms Mutter Gisela. Wenn es Probleme gebe, würden diese am Tisch mit allen ausdiskutiert.

Tom denke nicht dran, auszuziehen. „Es ist doch super bequem hier", sagt er. [...]

Nicht einmal um den Zahnarzt muss Tom sich kümmern. Seine Mutter macht für die ganze Familie Termine, sein Papa Heinz fährt Tom und seine Brüder hin. „Wir machen das so als Familie, seit ich klein bin", sagt Tom.

Er hatte noch keine feste Freundin, keine Affären, keine Dates. Während er das erzählt, stochert er in seinem Stück Apfelkuchen herum. „Die Frauen reagieren komisch, wenn ich ihnen erzähle, dass ich noch zu Hause wohne. Sie sind irgendwie abweisender und reden weniger."

Trotzdem glaubt er nicht, dass das der Grund dafür ist, dass er keine Freundin findet.

Seine Brüder haben ebenfalls keine Partnerin. Benedikt brachte mal eine Frau mit nach Hause. „Die Mädels wären bei uns immer willkommen. Nur wenn es jedes Wochenende eine andere Frau wäre, würde ich mal etwas sagen", sagt Toms Mutter.

Für seine Eltern ist es selbstverständlich, sich um ihre Söhne zu kümmern. Auch, wenn die dafür eigentlich zu alt sind. Als Gisela und Heinz ihren ersten Sohn bekamen, verließen sie ihren Kegelverein, um mehr Zeit für die Familie zu haben. [...]

Heinz will seine Söhne unterstützen, so gut es geht. „Und wenn das heißt, dass meine Frau und ich kochen und putzen, dann ist das so. Toms Arbeit ist etwa 45 Kilometer entfernt, da verstehe ich, dass er abends keine Lust mehr hat, den Haushalt zu machen." Braucht er auch nicht. Wenn Tom abends nach Hause kommt, ist nicht nur der Kühlschrank gefüllt, sondern auch sein Kleiderschrank – mit frisch gebügelter Wäsche.

**Das Nesthocker-Dasein hat nur Vorteile für Tom, warum also etwas ändern?**

[...] Manchmal, da fühlt Tom sich unselbstständig. „Ich habe noch nie eine Stromrechnung bezahlt und kann gerade mal ein paar Gerichte kochen", sagt er.

Seine Eltern sorgen sich um ihn, als wäre er 15, nicht 28. Wenn er am Abend das Haus verlässt, sagen sie „Pass auf dich auf" und „Trink nicht so viel".

[...] Gisela weiß, dass sie sich weniger Sorgen machen würde, wenn ihre Kinder nicht mehr zu Hause wohnen würden. Allein schon, weil sie nicht immer genau wüsste, was sie gerade machen.

Es gibt Gründe für den Auszug. Nur die, die dagegen sprechen, überzeugen Tom eben mehr.

Zum Beispiel das Geld. Leisten könnte sich der ausgelernte Elektriker eine kleine Mietwohnung. Er will nicht. „Ich sehe es nicht ein, mir eine Mietwohnung zu nehmen und für etwas zu zahlen, das nicht mir gehört", sagt er. Lieber spare er, um damit später ein eigenes Haus zu bauen. Dafür wartet er aber noch auf die richtige Frau. „Nachher gefällt ihr nicht, was ich baue", sagt Tom.

Toms Freunde sind keine Nesthocker. Bis auf einen Kumpel sind alle ausgezogen, heiraten und bauen Häuser. Wenn die Jungs nach dem Fußballtraining zusammensitzen, wird nur selten über Toms Situation gesprochen. „Ab und zu kommt ein leises ‚Du könntest wohl mal ...', das war's dann aber auch", sagt Tom.

Er schäme sich nicht, sagt er. Er genieße die Zeit mit seiner Familie.

In zwei Jahren soll das Leben im Hotel-Mama für Tom vorbei sein. Zumindest, wenn es nach seiner Mutter geht. „Ich habe immer gesagt, dass sie mit 30 langsam mal ausziehen könnten. Damit sie erfahren wie es ist, sich alleine zu kümmern", sagt Gisela.

Langsam mal. Tom schweigt.

*Quelle: Larissa Rehbock: Tom ist Nesthocker: Warum wohnt man mit 28 noch bei Mama und Papa? Erschienen auf bento.de am 19.09.2018. Im Internet unter: https://www.bento.de/gefuehle/nesthocker-warum-tom-mit-28-noch-bei-mama-und-papa-wohnt-a-e210a562-8e50-4d41-aa9b-0a3dff11f0de*

**Aufgabe:**

Schreibe eine Erörterung zu dieser Frage:

**Ist es richtig, wenn junge Erwachsene auch nach Abschluss ihrer Ausbildung bei ihren Eltern wohnen bleiben?**

Gehe so vor:

- Führe in der **Einleitung** zur **Fragestellung** hin. Beziehe dich dabei auf den Text und beschreibe kurz das Problem, das die Verfasserin darin darstellt.
- Formuliere im **Hauptteil** mindestens **drei Argumente** aus, die **dagegen** sprechen. Reichere sie mit Beispielen an. Orientiere dich in deiner Argumentation sowohl an den Informationen aus dem Text als auch an eigenen Erfahrungen.
- Gelange am **Schluss** zu einem **Ergebnis:** Äußere deine **Meinung** zum Thema und verweise in dem Zusammenhang auf deine entscheidende Überlegung.

Dein Text muss mindestens 150 Wörter umfassen, er kann aber auch länger sein. Schreibe in vollständigen Sätzen. Gliedere deinen Text in Einleitung, Hauptteil und Schluss. Achte auf korrekte Sprache und Rechtschreibung, beides wird bewertet.

## Aufgabe 2: Textbeschreibung Lyrik

### Erich Kästner: Die Jugend hat das Wort (1946)

**1**

Ihr seid die Ält'ren. Wir sind jünger.
Ihr steht am Weg mit gutem Rat.
Mit scharfgespitztem Zeigefinger
weist ihr uns auf den neuen Pfad.

Ihr habt das wundervoll erledigt.
Vor einem Jahr schriet ihr noch „Heil!“
Man staunt, wenn ihr jetzt „Freiheit“ predigt
wie kurz vorher das Gegenteil.

Wir sind die Jüng'ren. Ihr seid älter.
Doch das sieht auch das kleinste Kind:
Ihr sprecht von Zukunft, meint Gehälter
und hängt die Bärte nach dem Wind!

Nun kommt ihr gar, euch zu beschweren,
dass ihr bei uns nichts Recht's erreicht?
O, schweigt mit euren guten Lehren!
Es heißt: Das Alter soll man ehren …
Das ist mitunter, das ist mitunter,
das ist mitunter gar nicht leicht.

**2**

Wir wuchsen auf in eurem Zwinger[1],
Wir wurden groß mit eurem Kult[2].
Ihr seid die Ält'ren. Wir sind jünger.
Wer älter ist, hat länger Schuld.

Wir hatten falsche Ideale?
Das mag schon stimmen, bitte sehr.
Doch was ist nun? Mit einem Male
besitzen wir selbst die nicht mehr!

Um unser Herz wird's kalt und kälter.
Wir sind so müd und ohn Entschluss.
Wir sind die Jüng'ren. Ihr seid älter.
Ob man euch wirklich – lieben muss?

Ihr wollt erklären und bekehren.
Wir aber denken ungefähr:
„Wenn wir doch nie geboren wären!“
Es heißt: Das Alter soll man ehren …
Das ist mitunter, das ist mitunter,
das ist mitunter furchtbar schwer.

*Quelle: Erich Kästner: Die Jugend hat das Wort. In: Ders.: Gedichte. Reclam Verlag, Stuttgart 1987, S. 114*

**1** *Zwinger: Käfig*
**2** *Kult: übertriebene Verehrung von etwas durch die Gemeinschaft*

### Aufgabe:

Verfasse eine Textbeschreibung zu dem Gedicht „Die Jugend hat das Wort“ von Erich Kästner.

Gehe so vor:

- Nenne in der **Einleitung** die **Textsorte**, den **Titel** sowie den **Namen des Verfassers** und bestimme das **Thema**. Stelle außerdem den formalen Aufbau des Gedichts dar (Anzahl und Länge der Strophen).
- Bestimme den **Sprecher** und formuliere die **Botschaft**, die er seinem **Gegenüber** vermitteln will.
- Beschreibe das **Verhältnis** zwischen dem Sprecher und seinem Gegenüber. Belege deine Aussagen anhand des Textes.
- Gehe dann auf **Besonderheiten der Gestaltung** ein: Beschreibe zunächst das **Reimschema**. Äußere dich dann auch zu sprachlichen Bildern.
- Beantworte am **Schluss** diese Frage: *Was hält der Sprecher von den „Ält'ren“?*

Berücksichtige die Entstehungszeit des Gedichts. Kästner hat diesen Text im Jahr 1946 geschrieben, also kurz nach dem Ende des Zweiten Weltkriegs. Er hat darin seine Erfahrungen mit dem Zweiten Weltkrieg und mit dem Nationalsozialismus verarbeitet.
Schreibe mindestens 150 Wörter. Schreibe in vollständigen Sätzen. Achte auf korrekte Sprache und Rechtschreibung, beides wird bewertet.

## Aufgabe 3: Textbeschreibung Prosa

### Erin Jade Lange: Halbe Helden

*Hinweis: Der Ich-Erzähler dieses Romans ist Dane, ein Jugendlicher, der in der Schule ständig Ärger bekommt, weil er sich von anderen leicht provozieren lässt und dann gewalttätig wird. In der Regel wird er dafür mit Nachsitzen bestraft. Einmal allerdings bekommt er eine ganz besondere Strafe: Er soll sich freiwillig als „Mentor" um einen Schüler kümmern, der das Downsyndrom[1] hat. Der allerdings hat gar kein Interesse daran, sich von Dane betreuen zu lassen. Lieber will er von ihm lernen, wie man sich richtig prügelt, um sich gegenüber anderen zur Wehr zu setzen.*
*Der folgende Textauszug erzählt vom Beginn der Freundschaft zwischen den beiden Jungen:*

Der Bus kam mit quietschenden Bremsen vor uns zum Stehen und wir stiegen ein. Er war voller Feierabendvolk auf dem Heimweg und nirgends gab es einen freien Platz. Ich klammerte mich an einer Haltestange fest, aber Billy hatte das nicht nötig. Eine Frau in einem billig aussehenden Hosenanzug stand auf und forderte Billy wild gestikulierend auf, sich zu setzen. Als er es tat, lächelte sie selbstzufrieden, und er lächelte zurück. Ich sah noch weitere von diesen Mitleidslächeln um uns – mehr Leute, die Billy ihren Platz angeboten hätten, als könnte er nicht stehen wie jeder andere auch, als wäre sein ungewöhnliches Gesicht ein Zeichen dafür, dass seine Beine nicht funktionierten.

Die Frau, auf deren Sitz Billy nun saß, lächelte auch mir zu – ein stummes „Braver Junge"-Lob, weil ich so ein barmherziger Samariter war und mich mit dem Jungen mit Downsyndrom abgab. Ich reagierte mit einem finsteren Stirnrunzeln.

Am Ende unserer Straße stiegen wir aus, und kaum dass meine Füße den Asphalt berührten, erklärte ich Billy auch schon: „Mann, das ging echt gar nicht."

„Was ging nicht?"

„Du hättest den Platz von dieser Ollen nicht annehmen sollen."

„Warum nicht?"

„Weil sie ihn dir bloß aus einem Grund überlassen hat."

In Billys Miene flackerte Verwirrung auf.

Ich holte tief Luft und überlegte, wie ich ihm das nun einfühlsam erklären sollte.

„Sie hat ihn dir angeboten, weil sie dich für einen Mongo gehalten hat."

Einfühlsamkeit war offenbar nicht so meine Stärke.

Billy zog die Brauen zusammen. „Nein, die war bloß nett."

„Billy D., ist dir vielleicht schon mal aufgefallen, dass viele Leute nur zu dir und zu keinem anderen nett sind?", fragte ich, während wir losmarschierten.

Billy dachte kurz nach. „Kann sein."

„Und das macht dir nichts aus?"

„Warum sollte mir das was ausmachen?"

„Na ja ... die sind nur nett zu dir, weil du ihnen leidtust."

Überrascht sah Billy auf. „Wieso tue ich denen denn leid?"

Ich fing seinen Blick auf. „Meinst du das ernst?"

„Ja."

„Na, weil du anders aussiehst, Alter. Ist doch klar."

„Oh." Billy guckte runter auf seine Füße.

Hastig versuchte ich, es besser zu erklären. „Ich meine, immerhin *sind* sie nett, stimmt's? Besser, man ist nett zu jemandem, der ein bisschen anders ist, als gemein oder so. Aber trotzdem ... die bilden sich ein Urteil über dich. Fällen ihre Entscheidung nur wegen deines Aussehens ... wie ..." Ich schnippte hilflos mit den Fingern. „Wie zum Beispiel, wenn die Leute über mich denken, ich wäre ein Arschloch, nur weil ich nicht die ganze Zeit rumrenne wie 'ne Grinsekatze."

„Ach so." Billys Augen strahlten, als er begriff. „Und wie das mit deiner Haarsträhne, die da hinten immer so hochsteht."

Unwillkürlich tastete meine Hand nach meinem Hinterkopf. „Was?"

„Die Leute denken bestimmt, du würdest dir nicht die Haare kämmen, aber ich glaub schon, das machst du, weil, ich hab nämlich gesehen, wie du immer versuchst, die Strähne runterzudrücken, aber sie bleibt nicht unten, egal, wie oft du dich kämmst, stimmt's? Nur, das wissen die Leute eben nicht."

Langsam und bedächtig hob ich die Hand von der fraglichen Strähne und fühlte das Kitzeln auf meiner Kopfhaut, als die Haare sich eins nach dem anderen wieder aufstellten.

„Nein, darum geht's doch – ich meinte nicht … was ich sagen wollte, Billy …" Ich atmete tief durch. „Die Leute sollten dich nicht anders behandeln, bloß weil du aussiehst wie ein Mon …" Ich schluckte das Wort schnell runter. „Weil du … Förderbedarf hast oder wie das heißt."

Billy blieb stehen. Wir waren vor unseren Häusern angekommen. „Du hast mich doch auch anders behandelt", sagte er.

„Was? Nee, hab ich gar nicht."

„Doch, du hast gesagt, mich verprügelst du nicht – weil ich so aussehe, wie ich aussehe, oder nicht?"

Er starrte mich mit ausdruckslosem Gesicht an. Er war nicht sauer deswegen oder so, er sagte nur, was Sache war.

„Scheiße", erwiderte ich. „Hab ich wirklich. Tut mir l …"

„Wen verprügelst du denn sonst noch alles nicht?"

Wir standen mitten auf der Straße zwischen unseren beiden Häusern und es wurde immer dunkler. Ich wich zurück auf meine Seite, um nicht noch umgemäht zu werden. „Mädchen", sagte ich im Rückwärtsgehen. „Mädchen haue ich nicht."

„Warum nicht?"

„Alter, weil Mädchen hauen echt gar nicht geht."

Darüber musste Billy ein Weilchen nachdenken. Schließlich nickte er. „Und wen sonst noch?"

„Keine Ahnung, Billy. Ich bin ziemlich fertig gerade, okay?"

„Okay." Er stampfte rüber auf seine eigene Straßenseite, drehte sich noch mal um, bevor er die Stufen zur Haustür hochging. […]

Billys Schatten bewegte sich auf seine Tür zu.

„Billy D.!"

„Ja?"

„Ich warte morgen auf dich. Dann können wir zusammen zur Schule laufen."

Ich konnte fast sehen, wie sich ein Lächeln auf seinem Gesicht ausbreitete. „Na dann."

„Na dann."

*Quelle: Erin Jade Lange: Halbe Helden. Magellan Verlag, Bamberg 2017, S. 61–65*

**Aufgabe:**

Verfasse eine Textbeschreibung zu dem gegebenen Auszug aus dem Jugendroman „Halbe Helden“ von Erin Jade Lange.

Gehe so vor:

- Nenne in der **Einleitung** die **Textsorte**, den **Titel** sowie den **Namen des Verfassers** und bestimme das **Thema**.
- Formuliere zu **Beginn des Hauptteils** eine **Kernaussage** Schreibe mit einem Satz auf, was der Text über das Verhältnis der beiden Jungen zeigt.
- Fasse danach den **Textinhalt** mit wenigen Sätzen **zusammen**.
- Beschreibe die **Art und Weise**, wie die beiden Jungen miteinander umgehen.
- Gehe auf **Besonderheiten der Sprache** ein. Achte vor allem auf die Wörter, die der Ich-Erzähler benutzt, und überlege, was seine Wortwahl über ihn aussagt.
- Äußere am **Schluss** deine **Meinung** dazu, wie sich die Beziehung zwischen Dane und Billy entwickeln wird. Begründe deine Einschätzung.

Dein Text muss mindestens 150 Wörter umfassen, er kann aber auch länger sein. Schreibe in vollständigen Sätzen. Gliedere deinen Text in Einleitung, Hauptteil und Schluss. Achte auf korrekte Sprache und Rechtschreibung, beides wird bewertet.

# Übungsaufgabe 2 im Stil der Hauptschulabschlussprüfung Deutsch

**Gesamtbearbeitungszeit: 180 Minuten**

Teil A 1 und Teil A 2 (Pflichtteile)
Hilfsmittel: Rechtschreibwörterbuch; Lektüre, die im Unterricht gelesen wurde
Alle Aufgaben sind zu bearbeiten
**Schreibe die Antworten auf separate Blätter.**

## Teil A 1

Lies den folgenden Sachtext und bearbeite anschließend die Aufgaben

**Einsam in der Schule: Weg aus der Außenseiterrolle**
VON ALIKI NASSOUFIS

„Es ist ein doofes Gefühl: Während die Mitschüler in den Pausen Cliquen bilden, steht man selbst nur daneben. Und als Außenseiter bleibt auch im Unterricht der Nachbarstuhl häufig frei.

Es gibt viele Jugendliche, die plötzlich oder schon seit Längerem keine Freunde in der Schule haben", sagt der Schulpsychologe Stefan Drewes aus Düsseldorf. Manchmal sind Machtkämpfe schuld, bei denen auch ehemals gute Freunde ausgeschlossen werden können. „Man muss sich mit der Situation aber nicht einfach abfinden. Es gibt Wege, um wieder Freunde zu finden."

Zuerst sollte man überlegen, warum man keine Freunde hat, rät Ulrich Gerth, Vorsitzender der Bundeskonferenz für Erziehungsberatung (bke) in Fürth. „Es kann beispielsweise an einem selber liegen, weil man bislang eher zurückhaltend war oder gar kein Interesse an Anschluss in der Klasse hatte, das nun aber ändern möchte." Ein Weg sei dann, sich in Gesprächen häufiger einzubringen.

Außerdem spiele das Äußere eine große Rolle. Deswegen sollte man selbstkritisch schauen, ob man ungepflegt erscheint oder finster dreinschaut. „Manchmal bemerkt man ja gar nicht, dass die eigene Körpersprache abwehrend wirkt", sagt Gerth.

Manchmal liegt es aber gar nicht an einem selbst, sondern an einzelnen Mitschülern oder der Klasse, wenn man außen vor bleibt. „Ein Klassenverband kann sich durch neue Schüler oder veränderte Interessen relativ schnell verändern, sodass bisher gut integrierte Jungen und Mädchen plötzlich Außenseiter sind", sagt Drewes. Das sei Teil des Entwicklungsprozesses, in dem sich Schüler immer wieder neu definierten. „Indem man sich gegen andere verbündet, läuft man nicht Gefahr, selber ausgeschlossen zu werden." Dabei könnten Mädchen besonders perfide[1] sein, da sie nicht immer offen vorgingen, sondern auch hinter dem Rücken Gerüchte in die Welt setzten.

Sich in einer solchen Situation zu verstellen, bringt laut Gerth nichts. Jungs versuchten häufig, besonders cool zu sein, während Mädchen eher sexy sein wollen. „Das geht

**1** *perfide: gemein*

aber meist daneben, deswegen bleibt man am besten sich selbst treu." Gut könnte auch sein, ehemalige Freunde direkt anzusprechen. „Dafür wartet man einen günstigen Zeitpunkt ab, damit man ungestört reden kann."

Wer dabei nicht allein weiterkommt, sollte sich Hilfe holen. „Dafür sollte man sich gut überlegen, wem man in dieser Situation vertraut", rät Friederike Kreutz vom Landesverband bayerischer Schulpsychologen aus Ingolstadt. „Das muss nicht immer ein Lehrer sein, der die Klasse gut kennt." Stattdessen könnten auch Eltern, Verwandte, ältere Geschwister oder ein Trainer vom Sport helfen.

Stefan Drewes warnt jedoch vor einem zu forschen Vorgehen der Helfer. „Gerade Eltern neigen dazu, sich schnell bei Lehrern oder Eltern der Mitschüler zu beklagen – das ist aber meist alles andere als gut", sagt er. Deswegen sollte das weitere Vorgehen stets besprochen werden.

Wenn das nicht weiterhilft, kann man sich an einen Lehrer, beispielsweise den Vertrauenslehrer oder einen Beratungslehrer, wenden. Der könne das Problem mit dem betroffenen Schüler und innerhalb der Klasse besprechen, sagt Kreuz. Angst vor noch mehr Ärger durch die Mitschüler brauchten die Betroffenen nicht zu haben: „Alle Lehrer unterliegen der sogenannten Amtsverschwiegenheit, und Schulpsychologen haben sogar eine Schweigepflicht wie Ärzte oder Priester."

„An Schulen gibt es meist gute Möglichkeiten, Freunde auch außerhalb der eigenen Klasse zu suchen", sagt der Diplom-Psychologe Ulrich Gerth. Dazu zählen AGs, klassenübergreifende Projektwochen und einzelne Unterrichtsstunden, die mit Schülern mehrerer Klassen stattfinden. „Dort kann man meist gut auf andere zugehen und neue Kontakte knüpfen." Manchen Schülern genüge es, nur lose Bekanntschaften in der Schule zu haben, mit denen sie sich gut verstehen. „Das ist wie im späteren Arbeitsleben: Man muss nicht mit allen Kollegen befreundet sein, meist reicht es, wenn man gut miteinander auskommt."

*Quelle: Aliki Nassoufis: Einsam in der Schule: Weg aus der Außenseiterrolle. Erschienen in der Mitteldeutschen Zeitung am 22. 10. 2008. Im Internet unter: https://www.mz-web.de/leben/einsam-in-der-schule--weg-aus-der-aussenseiterrolle-8130234 (zuletzt aufgerufen am: 20. 08. 2019)*

## Textverständnis

**12 Punkte**

(4 P.) 1. Lassen sich die folgenden Aussagen dem Text entnehmen oder nicht? Notiere auf deinem extra Blatt jeweils „richtig" oder „falsch".
   a) Meist ist ein Schüler selbst schuld, wenn er in seiner Klasse zum Außenseiter wird.
   b) Manchmal wird auch jemand, der gut integriert war, plötzlich zum Außenseiter.
   c) Wer in seiner Klasse zum Außenseiter geworden ist, muss sich damit abfinden.
   d) Um Hilfe zu bekommen, sollten sich Außenseiter bei jemandem Rat holen.

(4 P.) 2. Nenne vier mögliche Ursachen, die dazu führen können, dass jemand in seiner Klasse zum Außenseiter wird.

(2 P.) 3. Um bei ihren Klassenkameraden Anerkennung zu finden, neigen Außenseiter manchmal dazu, sich zu verstellen. Wie gehen sie dabei vor? Beschreibe mit je einem Satz das Verhalten von Jungen und das von Mädchen.

(2 P.) 4. Erkläre, warum es eine gute Idee sein kann, in der Schule an einer Arbeitsgemeinschaft teilzunehmen.

## Sprachgebrauch

**13 Punkte**

1. Die folgenden Wörter sind alle richtig geschrieben. Notiere, wie du die Schreibung der fett gedruckten Buchstaben überprüfen kannst. (4 P.)
   a) Au**ß**enseiter
   b) Machtk**ä**mpfe
   c) zurückhalten**d**
   d) **S**chweigepflicht

2. Schreibe die folgenden Sätze richtig ab und ergänze die fehlenden Satzzeichen. (3 P.)
   a) Es gibt kaum eine Klasse in der nicht einzelne Schüler ausgegrenzt werden
   b) Wie kommt es dazu dass ein Junge oder ein Mädchen von anderen gemobbt wird
   c) Das Opfer versteht meist gar nicht warum es von anderen abgelehnt wird

3. Bestimme die Wortarten der Wörter, die in den folgenden Sätzen durch Fettdruck hervorgehoben sind. (4 P.)
   a) Der Stuhl neben einem Außenseiter bleibt häufig **frei**.
   b) Es macht keinen Spaß, **wenn** man in der Schule keine Freunde hat.
   c) Wer unter dieser Situation leidet, sollte sich bei **seinem** Klassenlehrer Hilfe holen.
   d) Der kann das Problem dann während des Unterrichts **mit** der Klasse besprechen.

4. Setze die folgenden Sätze in die angegebene Zeitform. (2 P.)
   a) Max hat im neuen Schuljahr die Schule gewechselt. *(Futur I)*
   b) Sein Vater findet in Stuttgart eine neue Stelle. *(Perfekt)*

*Hinweis:* In dieser Übungsaufgabe sind **zwei Aufgabenteile A2 aufgeführt**. Du musst **nur einen Teil** davon bearbeiten – je nachdem, welche Lektüre ihr im Unterricht durchgenommen habt.

## Teil A 2

**25 Punkte** **Lektüre „Blackbird" von Matthias Brandt**

(2 P.) 1. An einem Tag lädt Motte Steffi ins Café ein. Warum wird es am Ende des Treffens peinlich für Motte? Nenne den Grund – und beschreibe das Verhalten, das er in dieser Situation zeigt.

(3 P.) 2. Beurteile das Verhalten, das Motte zeigt, als er zusammen mit seiner Mutter in die neue Wohnung zieht: Sie will ihn im Auto mitnehmen, er will aber lieber mit dem Fahrrad dorthin fahren.

(2 P.) 3. Erkläre, warum Motte zeitweise gegenüber seinem Freund Bogi ein schlechtes Gewissen hat.

(4 P.) 4. Beschreibe, wie Walki, einer von Mottes Mitschülern, sich an dem brutalen Sportlehrer Kragler rächt.

(3 P.) 5. Motte versucht auf unterschiedliche Weise, seine Trauer über den Tod seines Freundes zu bewältigen. Nenne drei Dinge, die er tut.

(3 P.) 6. Die letzten Wochen des Schuljahres verbringt Motte in der Psychiatrie („in der Klapsmühle"). Erkläre, wie es dazu gekommen ist.

(8 P.) 7. Die Begegnung mit Motte hat Elvis, den Bademeister, so bewegt, dass er am nächsten Morgen seiner Frau davon erzählt. Schreibe das **Gespräch** zwischen den beiden auf. Schreibe mindestens 80 Wörter.

Lass den Bademeister erzählen, …

- wie er darauf aufmerksam wurde, dass jemand mitten in der Nacht auf das Zehn-Meter-Brett gestiegen ist.
- wie er vergeblich versucht hat, den Jungen dazu zu bewegen, wieder hinunterzusteigen.
- wie es dazu gekommen ist, dass der Junge vom Zehn-Meter-Brett gesprungen ist.
- welchen Ausgang dieses nächtliche Geschehen genommen hat.

## Teil A 2

**Lektüre „Nathan und seine Kinder“ von Mirjam Pressler** **25 Punkte**

1. Womit beginnt der Roman – und wie endet er? Beschreibe mit wenigen Sätzen Beginn und Ende der Handlung. (3 P.)

2. Stelle dar, wie es dazu gekommen ist, dass Daja ihre Heimat verlassen hat. (4 P.)

3. Weshalb hat Daja eines Tages den Wunsch, wieder in ihre Heimat zurückzukehren? Erläutere ihre Beweggründe. (3 P.)

4. Nathan sorgt dafür, dass das namenlose Findelkind, das bei ihm lebt, einen Namen bekommt. Warum tut er das? Nenne den Grund. (2 P.)

5. Nathan hat in der Vergangenheit Schreckliches erlebt. Beschreibe das Unfassbare, das ihn bei der Rückkehr von einer Geschäftsreise zu Hause erwartet hat. (3 P.)

6. Erkläre, wie Nathan nach all dem Schlimmen, das ihm widerfahren ist, wieder seinen Frieden gefunden hat. (2 P.)

7. Eines Tages erfährt Recha von Daja, dass Nathan nicht ihr leiblicher Vater ist. Das verunsichert sie völlig. An diesem Abend schreibt sie einen **Eintrag in ihr Tagebuch**. Sie will sich Klarheit darüber verschaffen, ob sich ihre Beziehung zu Nathan dadurch verändert. Sie fragt sich, … (8 P.)

   - warum Nathan ihr nie etwas über ihre wahre Herkunft gesagt hat.
   - wie ihr Leben zusammen mit Nathan bisher ausgesehen hat.
   - wie es gewesen wäre, wenn Nathan sie nicht bei sich aufgenommen hätte.
   - ob sich an ihrer Beziehung zu Nathan etwas ändern wird.

   Schreibe mindestens 80 Wörter.

Teil B (Wahlteil)
Hilfsmittel: Rechtschreibwörterbuch
Eine der Aufgaben ist zu bearbeiten
**Schreibe deinen Text auf separate Blätter.**

**50 Punkte**

## Teil B

### Aufgabe 1: Erörterung

**Gruppenzwang macht mich fertig**

VON LARA THIEDE

Manchmal schleifen mich Freunde mit ins Fußballstadion. Ein Ort, an dem ich mich maximal unwohl fühle. Das liegt nicht einmal an meinem wenig ausgeprägten Interesse an diesem Sport. Sondern vielmehr an den sozialen Mechanismen, die dort greifen: Ein Tor und alle springen Fahnenschwenkend auf. „JAAAA!", brüllen meine Freunde und tausende Menschen fallen sich gegenseitig in die Arme. Ich sitze währenddessen auf meinem Sitz und versuche, mich unauffällig zu verhalten. Mir ist die ganze Situation hochgradig peinlich. Ich falle hier schließlich komplett aus dem Raster – will mich aber auch nicht an das Verhalten der anderen anpassen, nur weil das eben alle so machen.

Dabei freue ich mich tatsächlich aufrichtig, dass dieses Tor gefallen ist und sich jetzt ganz viele Menschen darüber freuen können. Aber nichts liegt mir ferner, als deshalb komplett auszurasten, die Fäuste in der Luft zu ballen und laut zu jubeln. Ich lächle einfach selig in mich hinein.

Bei den anderen kommt das nicht gut an. „EEEEEY, nimm mal den Stock aus dem Arsch", sagt mir dann jemand. Ich weiß zwar nichts von einem Stock in meinem Arsch. Aber ich weiß zumindest, was er meint. Und obwohl ich mich furchtbar dabei fühle, blind nachzumachen, was alle anderen vormachen, nehme ich mir vor, meine Freude beim nächsten Tor ein wenig anders zu zeigen.

Nicht nur, weil ich nicht unangenehm auffallen möchte. Sondern auch, weil ich merke, dass meine skeptische Distanziertheit die Dynamik hier vollkommen blockiert. Anstatt dass mein Freund Michael (rechts von mir), mir im Freudentaumel direkt um den Hals fallen kann, muss er sich für eine Umarmung über mich hinweg beugen, um dann Leonie (links von mir) erreichen zu können. Ich verharre währenddessen total überfordert auf meinem Sitz, ziehe den Kopf ein und lächele beschämt.

Das mit dem „Freude anders zeigen" klappt leider auch beim nächsten Tor nur so semi-gut[1]. Ich stehe zwar auf und umarme einen Menschen. Dabei tätschle ich ihm aber verlegen den Rücken, sage „Juhu" und fühle mich wie eine verdammte Heuchlerin.

Ähnlich enthusiastisch[2] verläuft meine Beteiligung an einer La-Ola-Welle und das Mitgeschunkle bei den Fangesängen. Ich fühle mich wie eine Gefangene – in einem Strudel aus sozialen Zwängen, die mich früher oder später in Scham ertränken werden.

Der Besuch im Fußballstadion stellt mich also vor immense soziale Herausforderungen. Ähnlich geht es mir aber auch an Orten, die ich eigentlich gerne besuche. Zum Beispiel im Club: „Put your hands up in the air". Ich putte erstmal gar nichts up in the air, weil es mir bescheuert und unnötig vorkommt. Bei der dritten oder vierten Aufforderung des DJs hebe ich zaghaft die Hand Ich passe sonst einfach nicht in die Menge aus

1 *semi-gut: halb gut*

2 *enthusiastisch: begeistert*

Hände-hochhaltenden Menschen. Oder im Festzelt beim Tanzen auf der Bierbank. Da lasse ich mich mit raufziehen und denke mir trotzdem gleichzeitig: „Warum zur Hölle sollte man riskieren, runterzufallen, wenn am Boden auch Platz ist?"

Der Gruppenzwang übermannt mich also früher oder später immer wieder und lässt mich Dinge tun, die mir vollkommen zuwider sind. Die Angst ist einfach zu groß, dass mich andere Leute dafür verurteilen könnten, dass ich nicht mitziehe. Dass sie mich nicht mehr als wertvolles Mitglied wahrnehmen könnten, weil ich sie ausbremse. Irgendwie will man ja – auch als Individualistin – in der eigenen Gruppe gut ankommen.

Dafür opfert man dann aber eben auch etwas: seine Authentizität[3]. Und das verursacht wahrscheinlich dieses schreckliche Gefühl, das Gruppendynamiken bei mir auslösen. Dass ich immer wieder glaube, durch sie zu einer Entscheidung gedrängt zu werden: Will ich nun lieber gemocht werden oder mich einfach verhalten, wie ich mich natürlicherweise verhalten würde?

Klar kann man darauf altklug erwidern: „Wenn deine Freunde dich nicht so nehmen, wie du bist, dann sind sie eben auch nicht deine Freunde." Danke Omi, aber den Spruch kenne ich schon. Fakt ist ja trotzdem, dass Freundschaften vor allem durch gemeinsamen Spaß entstehen und wachsen. Wenn einer die Gruppe ständig nur lahmlegt mit seiner „Da mach ich nicht mit"-Haltung, gefährdet das die Freundschaft auf lange Sicht gesehen eben doch.

Ich werde also vermutlich weiter versuchen, mich anzupassen – mir dabei aber immer wieder die gleichen Fragen stellen: Wie viele der Menschen, die hier alle das gleiche Programm abspulen, genießen das eigentlich? Denken die meisten von ihnen insgeheim wie ich? Oder bin ich wirklich die Einzige, die das alles ziemlich dämlich findet?

Glücklicherweise habe aber auch ich Grenzen. Es gibt nämlich auch Gruppenzwänge, denen ich mich nicht beugen will. Bei denen die Kosten-Nutzen-Rechnung also eher zu Gunsten meiner eigenen Authentizität ausgeht. Bei Drogen zum Beispiel. Oder in Sachen politische Meinung. Und ab sofort auch dann, wenn es wieder heißt: „Wir gehen alle ins Stadion. Kommst du mit?" „Nein", werde ich dann sagen. Und mir denken, dass das wirklich besser für alle Beteiligten ist.

*Quelle: Lara Thiede: Gruppenzwang macht mich fertig. Die Angst aufzufallen, lässt mich Dinge tun, die mir eigentlich zuwider sind. Erschienen auf jetzt.de am 20. 03. 2018. Im Internet unter: https://www.jetzt.de/gutes-leben/sozialphobie-gruppendynamik*

**3** *Authentizität: Glaubwürdigkeit, Echtheit*

## Aufgabe:

Schreibe eine Erörterung zu dieser Frage:

**Ist es richtig, wenn man sich in seinem Verhalten anderen anpasst?**

Gehe so vor:

- Führe in der **Einleitung** zur **Fragestellung** hin. Beziehe dich dabei auf den Text und beschreibe kurz das Problem, das die Verfasserin für sich sieht.
- Formuliere im **Hauptteil** mindestens **drei Argumente** aus, die dafür sprechen, dass man sich an andere anpasst. Reichere sie mit Beispielen an. Orientiere dich in deiner Argumentation sowohl an den Informationen aus dem Text als auch an eigenen Erfahrungen.
- Gelange am **Schluss** zu einem **Ergebnis:** Äußere deine **Meinung** zum Thema und verweise in dem Zusammenhang auf deine entscheidende Überlegung.

Dein Text muss mindestens 150 Wörter umfassen, er kann jedoch auch länger sein. Schreibe in vollständigen Sätzen. Gliedere deinen Text in Einleitung, Hauptteil und Schluss. Achte auf korrekte Sprache und Rechtschreibung, beides wird bewertet.

## Aufgabe 2: Textbeschreibung Lyrik

### Erich Kästner: Sozusagen in der Fremde

Er saß in der großen Stadt Berlin
an einem kleinen Tisch.
Die Stadt war groß auch ohne ihn.
Er war nicht nötig, wie es schien.
Und rund um ihn war Plüsch.

Die Leute saßen zum Greifen nah,
und er war doch allein.
Und in dem Spiegel, in den er sah,
saßen sie alle noch einmal da,
als müsste das so sein.

Der Saal war blass vor lauter Licht.
Es roch nach Parfüm und Gebäck.
Er blickte ernst von Gesicht zu Gesicht.
Was er da sah, gefiel ihm nicht.
Er schaute traurig weg.

Er strich das weiße Tischtuch glatt
und blickte in das Glas.
Fast hatte er das Leben satt.
Was wollte er in dieser Stadt,
in der er einsam saß?

Da stand er, in der Stadt Berlin,
auf von dem kleinen Tisch.
Keiner der Menschen kannte ihn.
Da fing er an, den Hut zu ziehn!
Not macht erfinderisch.

*Quelle: Erich Kästner: Sozusagen in der Fremde. In: Ders.: Gedichte. Reclam Verlag, Stuttgart 1987, S. 32*

**Aufgabe:**

Verfasse eine Textbeschreibung zu dem Gedicht „Sozusagen in der Fremde“ von Erich Kästner.

Gehe so vor:

- Nenne in der **Einleitung** die **Textsorte**, den **Titel** sowie den **Namen des Verfassers** und bestimme das **Thema**. Stelle außerdem den formalen Aufbau des Gedichts dar (Anzahl und Länge der Strophen).
- Formuliere zu Beginn des **Hauptteils** eine **Kernaussage:** Erkläre, welche Botschaft das Gedicht vermittelt.
- Beschreibe danach die Situation der **Hauptperson**. Gehe auch auf deren **Gefühle** ein. Belege deine Aussagen anhand von Textstellen.
- **Erläutere** diese **Textstelle:** „Not macht erfinderisch.“ (V. 25)
- Gehe dann auf **Besonderheiten der Gestaltung** ein. Beschreibe zunächst das **Reimschema**. Beziehe dich dann auf **Gegensätze**, die in dem Gedicht aufgezeigt werden.
- **Beantworte** am Schluss diese **Frage:** *Wird sich an der Situation der Hauptperson etwas ändern?* Begründe deine Meinung.

Der Text muss mindestens 150 Wörter umfassen, er kann jedoch auch länger sein. Schreibe in vollständigen Sätzen. Gliedere deinen Text in Einleitung, Hauptteil und Schluss. Achte auf korrekte Sprache und Rechtschreibung, beides wird bewertet.

## Aufgabe 3: Textbeschreibung Prosa

### Stefanie Höfler: Tanz der Tiefseequalle (Auszug)

*In diesem Jugendroman geht es um die Probleme eines Jungen, der aufgrund seiner Körperfülle von seinen Klassenkameraden gemobbt wird. Seine Erlebnisse werden abwechselnd von ihm selbst und von einer Klassenkameradin dargestellt. Im vorliegenden Textauszug erzählt der Junge von seinen Erlebnissen auf einer Klassenfahrt.*

Das Zimmer teile ich mit Peter, Lenni und Amir. Die Zimmerverteilung war gar kein so großes Problem, wie ich befürchtet hatte. Überraschenderweise hat sich keiner der drei beschwert, dass er mit mir ins Zimmer muss. Als wir die Reisetaschen auspacken, sehe ich, wie Lenni durch seinen dunkelblonden Haarvorhang einen verstohlenen Blick auf meine zweite Jeans riskiert, bevor ich sie falte und in den schmalen Schrank lege, aber er sagt nichts und ich auch nicht. Wenn ich nicht ich wäre, sondern Lenni, würde ich vermutlich ebenso neugierig auf die überdimensionalen, ausgebeulten Riesenhosenböden meiner Jeans schielen. [...]

„Was gibt's heute noch?", frage ich Lenni, obwohl ich das Programm seit Wochen auswendig weiß, um mich mental auf jede einzelne Dicke-Leute-Schikane darin vorbereiten zu können.

„Abendessen, dann Nachtwanderung, glaub ich", sagt Lenni, ohne aufzublicken. Es klingt nicht besonders feindselig.

„Ob es hier cholesterinfreie Diät gibt?", sage ich. Lenni schaut mich überrascht an. „War ein Witz. Ich esse absolut alles. Sieht man das nicht?"

Lenni muss grinsen, und ich kann sehen, was er denkt. Der Dicke ist witziger, als ich dachte. Das ist auch so ein Vorurteil, dass Dicke wenigstens witzig sein müssen, wenn sie schon die ästhetischen Ansprüche anderer Menschen strapazieren. [...]

Das Abendessen ist genauso widerlich, wie alle, die schon einmal auf Klassenfahrt waren, es immer berichten. [...] Trotzdem esse ich den verklebten Nudelklumpen mit undefinierbarer brauner Soße und den matschigen Salat restlos auf, wahrscheinlich aus Gewohnheit, weil ich zu Hause auch nie etwas übrig lasse, damit Großmama nicht traurig wird. Natürlich bin ich der Einzige, der alles aufisst. Aber die anderen haben auch anderes im Kopf. Geschätzt die Hälfte der Klasse will auf dieser Klassenfahrt ihren ersten Kuss erleben, und die meisten davon wissen genau, dass sie sich minutiös vorbereiten müssen, wenn es klappen soll. Dass die Nachtwanderung dafür die beste Gelegenheit bieten dürfte, ist so klar wie die geschmacklose Salatsoße.

Fast alle glauben, dass der erste Kuss zwischen Sera und Marko stattfinden wird. Das ist wahrscheinlich auch der Grund dafür, dass sie beim Essen immer wieder zu den beiden hinüberschielen, um irgendwelche Anzeichen dafür aufzuschnappen, wann es soweit ist.

Ich bin wohl als Einziger überhaupt nicht aufgeregt, im Gegenteil: Auf die Nachtwanderung freue ich mich beinahe, zumindest ist das der Programmpunkt, vor dem ich mich am wenigsten fürchte. Ich habe im Dunkeln keine Angst, und da alle mit der Kussfrage beschäftigt sind, werde ich vermutlich eine ganze Stunde lang meine Ruhe haben.

Nach Einbruch der Dunkelheit gehen wir in loser Formation in Richtung Wald, Herr Helmer vorne, Frau Mast hinten. Jeder von uns hat eine kleine Laterne mit einem Teelicht bekommen, sodass wir aussehen wie eine Gruppe Kindergartenkinder beim Laternenumzug. Natürlich gibt es sofort Gerangel und einige machen Blödsinn mit den Laternen. Ich lasse mich ans Ende der Gruppe zurückfallen.

„Na, wie gefällt es dir?“, sagt Frau Mast, die auf einmal neben mir auftaucht. Gäbe es in meiner Klasse jemanden, mit dem ich Wetten abschließen könnte, hätte ich genau darauf gewettet: dass am Wochenende einer der Lehrer die Aufgabe übernehmen muss, sich um den fetten Außenseiter zu kümmern. Ob sie es ausgelost haben?

„Gut“, sage ich knapp. Eine kleine unangenehm aufdringliche Parfümwolke streift mich von der Seite.

„Kommst du klar?“, fragt Frau Mast.

Ich weiß mit neunzigprozentiger Sicherheit, was andere über mich denken, aber manchmal hätte ich trotzdem gerne einen Wahrheitsabsauger. Den würde ich blitzschnell ans Ohr meines Gegenübers heften und er würde innerhalb eines Augenblicks die tatsächlichen Gedanken eben dieses Menschen absaugen und an mein eigenes Ohr transportieren. Jetzt gerade würde der Wahrheitsabsauger in etwa durchleiten: „Du arme Sau, Gott sei Dank war ich nie so fett wie du, bin es nicht und werde es nie sein. Wie soll ich jemanden wie dich bloß in diese Klasse integrieren?“

„Ob ich womit klarkomme?“, frage ich. „Mit meiner Fettleibigkeit oder mit den Nebenwirkungen dieser Fettleibigkeit auf einem Klassenausflug voller Schwimmbäder und Kletterparks, der für sportliche Durchschnittsschüler kreiert wurde?“

Frau Mast holt tief Luft. Als Lehrerin sollte sie jetzt eigentlich ihre Grundkenntnisse in Psychologie auf mich anwenden und mit sanftmütiger Lebensweisheit auf meine Provokation reagieren. Aber ich kann beinahe spüren, wie ihr pseudoselbstverständlicher[1] Berg an Mitleid in Sekundenschnelle auf ein kleines Häuflein zusammenschrumpft. Zum Antworten kommt sie aber nicht mehr, denn gerade hat Jan mithilfe seiner Laterne ein paar Tannenäste angezündet, die augenblicklich lichterloh brennen, und sie sprintet los, um einen Waldbrand zu verhindern.

*1 pseudoselbstverständlich: scheinbar selbstverständlich*

*Quelle: Stefanie Höfler: Tanz der Tiefseequalle. Gulliver Verlag von Beltz & Gelberg, Weinheim 2018, S. 31–34*

**Aufgabe:**

Verfasse eine Textbeschreibung zu dem gegebenen Auszug aus dem Jugendroman „Tanz der Tiefseequalle“ von Stefanie Höfler.

Gehe so vor:

- Nenne in der **Einleitung** die **Textsorte**, den **Titel** sowie den **Namen der Verfasserin** und bestimme das **Thema**. Fasse dann den Textinhalt mit wenigen Sätzen zusammen.
- Formuliere zu **Beginn des Hauptteils** eine **Kernaussage**. Beurteile die Situation des Ich-Erzählers. Überlege, ob es außer seiner Körperfülle noch einen anderen Grund dafür geben könnte, dass er anders ist als andere.
- Beschreibe danach den Umgang des Ich-Erzählers mit seiner Außenseiterrolle.
- Gehe auf **Besonderheiten der Sprache** ein. Stelle dar, wie der Ich-Erzähler sich ausdrückt, und frage dich, was das über ihn aussagt.
- Äußere am **Schluss** deine **Meinung** zum Ich-Erzähler. Wie **ehrlich** wirkt er auf dich? Begründe deine Meinung.

Der Text muss mindestens 150 Wörter umfassen, er kann jedoch auch länger sein. Schreibe in vollständigen Sätzen. Gliedere deinen Text in Einleitung, Hauptteil und Schluss. Achte auf korrekte Sprache und Rechtschreibung, beides wird bewertet.

# Hauptschulabschlussprüfung in Baden-Württemberg
# Deutsch 2020

**Gesamtbearbeitungszeit: 180 Minuten**

Teil A 1 und Teil A 2 (Pflichtteile)
Hilfsmittel: Rechtschreibwörterbuch, Lektüre „Schneeriese“
Alle Aufgaben sind zu bearbeiten.
**Die Antworten sind auf separate Schülerbögen zu notieren.**

## Teil A 1

### Nr. 1: Textverständnis

**12 Punkte**

Lies den Sachtext und bearbeite anschließend die Aufgaben.

**Neue Stadt – neues Zuhause?**
Wie junge Menschen häufig wohnen

Stell dir vor, du beginnst deine Ausbildung in einer fremden Stadt und musst von zu Hause ausziehen. Dann hast du verschiedene Möglichkeiten. Ob ein Zimmer in einer Wohngemeinschaft, ein Platz im Wohnheim oder gleich eine eigene Wohnung für dich das Richtige ist, hängt von verschiedenen Dingen ab. Es gehören einige Überlegungen dazu, von zu Hause auszuziehen und einen neuen Lebensabschnitt zu beginnen, besonders, wenn du gerade erst mit der Schule fertig bist und nun zum ersten Mal auf eigenen Füßen stehst.

In einer Wohngemeinschaft[1] (WG) ist immer etwas los. Langeweile kommt dort eher selten auf. Es ist so gut wie immer jemand zum Quatschen da und gemeinsames Kochen macht viel Spaß. Ein WG-Zimmer ist außerdem billiger als eine eigene kleine Wohnung und man muss nicht alles selbst anschaffen (Waschmaschine, Küchenutensilien, Staubsauger und so weiter), sondern jeder steuert etwas bei.

Rücksicht auf die anderen nehmen, Absprachen treffen und sich an den gemeinsamen Plan für notwendige Erledigungen halten, sollten eine Selbstverständlichkeit sein.

Ein Zimmer in einem Wohnheim ist meistens die günstigste Wahl, denn die Warmmiete kostet im Schnitt ca. 240 Euro im Monat. Viele Wohnheime vermieten komplett möblierte Zimmer, so muss man kein Geld für Möbel ausgeben. Außerdem liegen Wohnheime meistens in der Nähe der Ausbildungsstelle oder Berufsschule. Lange Fahrten fallen also weg. Gemeinschaftsräume bieten die Möglichkeit, Kontakte zu knüpfen, denn die Zimmer sind häufig zu klein, um sich mit Freunden zu treffen.

In einer eigenen Wohnung bist du Herrscher in deinem eigenen Reich und hast die größtmögliche Privatsphäre. Allerdings bist du auch selbst verantwortlich für die Einkäufe, das Putzen und das Wäschewaschen. Die Miete für die eigenen vier Wände ist erheblich höher als für ein Zimmer in einer Wohngemeinschaft oder einem Wohnheim. Gerade wenn du zum ersten Mal von zu Hause ausziehst, ist der Posten, der dafür monatlich von deinem Konto geht, ein ganz schöner Batzen. Außerdem kann man sich in einer eigenen Wohnung sehr einsam fühlen, wenn man noch nie zuvor allein gelebt hat.

*Nach: https://www.das-richtige-studieren.de/vor-dem-studium/wohnungssuche/wg-wohnheim-oder-wohnung. Stand: 28.03.2019.*

**1** *Wohngemeinschaft: Mehrere junge Menschen teilen sich eine Wohnung.*

(1 P.) a) Nenne zwei der Möglichkeiten zu wohnen, die im Text vorgestellt werden.

(3 P.) b) Entscheide mit Hilfe des Textes, ob folgende Aussagen richtig oder falsch sind. Notiere auf dem Schülerbogen „richtig" oder „falsch".
1. Bei einem Zimmer im Wohnheim braucht man immer eigene Möbel.
2. In einer Wohngemeinschaft ist Rücksichtnahme wichtig.
3. Die Miete für eine eigene Wohnung ist günstiger als ein Zimmer in einem Wohnheim.

(2 P.) c) Erkläre die folgenden Formulierungen in eigenen Worten.
1. „Herrscher in deinem eigenen Reich" (Zeile 21)
2. „ein ganz schöner Batzen" (Zeile 26)

(6 P.) d) Jede Wohnform, die im Text genannt wird, hat ihre Vor- und Nachteile. Nenne jeweils ein Pro- und ein Contra-Argument aus dem Text.

**13 Punkte** **Nr. 2: Sprachgebrauch**

(4 P.) a) Die folgenden Wörter sind richtig geschrieben. Wie kannst du die Schreibung der fettgedruckten Buchstaben überprüfen?
1. War**mm**iete
2. W**ä**sche
3. regelmäßi**g**
4. schlie**ß**lich

(4 P.) b) Schreibe die folgenden Sätze mit <u>allen fehlenden Satzzeichen</u> auf den Schülerbogen.
1. Eine Auszubildende berichtet dass es ihr in ihrem Wohnheim sehr gefällt.
2. In einem Zimmer das du selbst eingerichtet hast fühlst du dich wohl.
3. Für die eigene Wohnung benötigst du ein Bett einen Kleiderschrank Geschirr und viele weitere Dinge.
4. Ich sage meinen Eltern Ihr braucht euch keine Sorgen zu machen.

(2 P.) c) Nenne für jede der genannten Wortarten ein Beispiel.
1. Personalpronomen
2. Konjunktion
3. Präposition
4. Verb in der Grundform

(3 P.) d) Setze die folgenden Sätze in die jeweils angegebene Zeitform.
1. Ich habe eine schöne Wohnung gefunden. (Futur 1)
2. Ich habe meine beste Freundin angerufen. (Präteritum)
3. Der Vermieter war sehr nett. (Präsens)

## Teil A 2

### Nr. 1: Lektüre „Schneeriese“ von Susan Kreller — 25 Punkte

a) Im Roman „Schneeriese“ werden verschiedene Themenfelder im Leben eines Jugendlichen angesprochen. Nenne fünf Themenfelder. (5 P.)

b) In dem Buch werden viele ungewöhnliche Wortverknüpfungen verwendet. Erkläre folgende Begriffe mit eigenen Worten. (3 P.)
1. siamesische Häuser (Seite 44)
2. Dreitotenhaus (Seite 16)
3. Haltestellenmoment (Seite 48)

c) Nenne sechs Merkmale, die Misses Elderly beschreiben. (6 P.)
Du kannst auch auf ihre Vorlieben eingehen.

d) Seite 52: „Stellas Blick war neu. Denn als sie verstanden hatte, wer da in der Tür stand, ließ sie für einen winzigen Moment ihre Mundwinkel sinken, es dauerte wirklich nicht lange, und trotzdem, am Ende entschied sich alles in diesen winzigen Mundwinkelmomenten.“ (3 P.)
Beschreibe, was Adrian in diesem Moment klar wird.

e) Stell dir vor, Stella ist wieder einmal zu Besuch bei Dato. Er interessiert sich natürlich sehr für das Leben von Stella und hat einige Fragen an sie. (8 P.)
Vervollständige den Dialog zwischen Dato und Stella. Verwende alle vorgegebenen Fragen und ergänze zwei weitere Fragen und die passenden Antworten. Schreibe in ganzen Sätzen und notiere den Dialog auf dem Schülerbogen. Achte auf korrekte Schreibweise. Verwende den Inhalt des Buches.

DATO: „Warum bist du ausgerechnet mit Adrian befreundet?“

STELLA: „…“

DATO: „Was hat es mit dieser Hollywoodschaukel auf sich?“

STELLA: „…“

DATO: „Warum sehe ich dich nie mit Adrian zusammen?“

STELLA: „…“

DATO: „Warum hast du früher Angst vor unserem Haus gehabt?“

STELLA: „…“

DATO: „…?“

STELLA: „…“

DATO: „…?“

STELLA: „…“

Teil B (Wahlteil)
Hilfsmittel: Rechtschreibwörterbuch
<u>Eine</u> der Aufgaben ist zu bearbeiten
**Die Ausführungen sind auf den Schülerbögen zu notieren.**

**50 Punkte**

## Teil B

### Text 1: Erörterung

**Er wollte nicht ausziehen – Eltern verklagen 30-Jährigen**

Das Zerwürfnis eskalierte am 2. Februar 2018. An diesem Tag bekam Michael Rotondo, 30 Jahre alt, wohnhaft im US-Bundesstaat New York, Post von seinen Eltern.

„Michael, nach einer Diskussion mit deiner Mutter haben wir entschieden, dass du dieses Haus so schnell wie möglich verlassen musst. Du hast 14 Tage Zeit auszuziehen. Wir werden alles unternehmen, was nötig ist, diese Entscheidung auch durchzusetzen." Statt mit „Mama und Papa" unterzeichneten Michaels Eltern den Brief mit ihren vollen Namen. Denn den Rotondos war es bitterernst. So ernst, dass sie wenig später den entscheidenden Schritt unternahmen: Sie verklagten ihren eigenen Sohn, weil er einfach nicht ausziehen wollte. Vorausgegangen waren fünf schriftliche Bescheide inklusive zahlreicher Lebenstipps für den Sohn und ein Geldangebot von umgerechnet knapp 1 000 Euro, mit dem der Sohn sich eine eigene Bleibe suchen sollte.

Michael Rotondo, nach eigenen Angaben „Unternehmer", nahm das Geld zwar, doch statt sich damit eine Wohnung zu suchen, nutzte er es, um Schulden zu begleichen.

Vor Gericht fand der junge Mann keine Unterstützung für seine Position: Der Richter des Obersten Gerichts des Bezirks gab den Eltern recht und wies den Sohn an, das Elternhaus zu verlassen.

„Das ist wirklich unfair mir gegenüber", zitierte die „New York Post" den Unterlegenen. Und: „Ich wollte da doch sowieso nicht mehr bleiben. Ich versuche schon sehr lange auszuziehen. Und sie haben einfach aufgehört, mir Essen zu geben, und telefonieren darf ich auch nicht."

Vor Gericht lieferte sich Michael Rotondo eine verbale Auseinandersetzung mit dem Richter. Unter anderem beharrte er darauf, dass seine Eltern eine zusätzliche sechsmonatige Kündigungsfrist einhalten müssten. Eine Forderung, die Richter Donald Greenwood als „unerhört" bezeichnete.

Doch wann ist eigentlich der richtige Zeitpunkt, von zu Hause auszuziehen?

Die eigenen vier Wände – das ist der große Traum vieler Jugendlicher. Allerdings bietet eine eigene Wohnung nicht nur viele Freiheiten, sondern bringt auch jede Menge Pflichten, Kosten und Arbeit mit sich. Für zahlreiche junge Frauen und Männer ist deshalb das sogenannte „Hotel Mama", also der Verbleib im Elternhaus, eine Alternative, die sie gerne in Anspruch nehmen. Ein stets gefüllter Kühlschrank, immer frische Wäsche und ein geputztes Bad sind Vorzüge, auf die viele nicht so schnell verzichten wollen. Kommen dann noch knappe Finanzen hinzu, kann sich der Auszug weiter verzögern.

Das Alter, in dem junge Menschen das Elternhaus verlassen, weicht je nach Land deutlich voneinander ab. Junge Erwachsene in Deutschland ziehen im Durchschnitt erst mit 25 Jahren von zu Hause aus.

Nur eines ist in allen EU-Ländern gleich: In allen Staaten entschließen sich Frauen früher zum Auszug als ihre männlichen Altersgenossen.

*https://www.welt.de/vermischtes/article176600346/Raus-aus-Hotel-Mama-Er-wollte-nicht-ausziehen-Eltern-verklagen-30-Jaehrigen.html, 23.05.2018*
*Simone Blass: Endlich ausziehen – oder doch lieber „Hotel Mama"?, https://www.t-online.de/leben/familie/erziehung/id_21133030/-hotel-mama-wann-jugendliche-aus-dem-elternhaus-ausziehen.html, Stand: 27. 03. 2019*

**Aufgabe:**

Schreibe eine Erörterung zu der Frage: **„Dürfen erwachsene Kinder verlangen, bei den Eltern wohnen zu bleiben?“**

Beachte dabei folgende Punkte:

- Arbeite mindestens drei Argumente mit Beispielen heraus, die gegen das Ausziehen von zu Hause sprechen. Verwende Informationen aus dem vorliegenden Text.
- Äußere auch deine eigene Meinung zum Thema.
- Gehe darauf ein, wie du als Richter im Fall Rotondo entschieden hättest.

Der Text muss mindestens 150 Wörter umfassen, er kann jedoch auch länger sein. Schreibe in vollständigen Sätzen. Gliedere deinen Text in Einleitung, Hauptteil und Schluss. Achte auf korrekte Sprache und Rechtschreibung, beides wird bewertet.

## Text 2: Lyrik

### Erich Kästner: Besuch vom Lande

Sie stehen verstört am Potsdamer Platz.
Und finden Berlin zu laut.
Die Nacht glüht auf in Kilowatts.
Ein Fräulein sagt heiser: „Komm mit, mein Schatz!"
Und zeigt entsetzlich viel Haut.

Sie wissen vor Staunen nicht aus und nicht ein.
Sie stehen und wundern sich bloß.
Die Bahnen rasseln. Die Autos schrein.
Sie möchten am liebsten zu Hause sein.
Und finden Berlin zu groß.

Es klingt, als ob die Großstadt stöhnt,
weil irgendwer sie schilt[1].
Die Häuser funkeln. Die U-Bahn dröhnt.
Sie sind alles so gar nicht gewöhnt.
Und finden Berlin zu wild.

Sie machen vor Angst die Beine krumm.
Sie machen alles verkehrt.
Sie lächeln bestürzt. Und sie warten dumm.
Und stehn auf dem Potsdamer Platz herum,
bis man sie überfährt.

*Erich Kästner: Besuch vom Lande, https://www.deutschelyrik.de/besuch-vom-lande-1929.html. Stand: 15. 10. 2019*

**1** schilt: ausschimpft, tadelt

**Aufgabe:**

Verfasse eine Gedichtbeschreibung. Beachte dabei folgende Punkte:

- Nenne Autor, Titel und Thema des Gedichts.
- Stelle den formalen Aufbau dar. Verwende die Fachbegriffe Strophe, Vers und Reim.
- Beschreibe, wie der Autor die Großstadt darstellt.
- Arbeite heraus, wie sich die Besucher vom Lande in der Großstadt fühlen und belege deine Aussagen mit passenden Textstellen.
- Verändere die letzte Strophe des Gedichts inhaltlich, sodass die Handlung für die Besucher gut ausgeht. Du musst nicht in Versen und Reimen schreiben.

Der Text muss mindestens 150 Wörter umfassen, er kann jedoch auch länger sein. Schreibe in vollständigen Sätzen. Gliedere deinen Text in Einleitung, Hauptteil und Schluss. Achte auf korrekte Sprache und Rechtschreibung, beides wird bewertet.

## Text 3: Erzählung

### Annette Rauert: Der Schritt zurück

Er stand am Rand. Zehn Meter unter ihm die gleißende Wasseroberfläche. Er hatte Angst, nackte Angst. Hinter sich hörte er die Stimme des Trainers: „Spring!"

Leute starrten nach oben. Er musste springen, damit sie ihre Sensation bekamen. Er fühlte, dass er es nicht schaffen würde. Er war noch nicht so weit. Aber er musste beweisen, dass er ein Mann war. Lieber tot sein, als sich vor diesen Gesichtern zu blamieren. Er blickte nach unten. Warum lächelte niemand? Lauter gespannte Ovale mit harten Augen. Er forschte in seinem Gewissen. Wenn er sprang, war irgendetwas damit erreicht? Tat er damit etwas Falsches? Etwas Richtiges? Er wusste, was er tun sollte, warum sträubte er sich dagegen? Aber war das Springen heldenhaft, hatte es einen Sinn? Ein Schritt nur! Sein Fuß schob sich langsam vor. Dann ging ein Ruck durch seine Gestalt. Er richtete sich auf und drehte sich um. Ganz bewusst. Seine Unsicherheit war von ihm gewichen, der Druck, der auf ihm lastete, verschwand. langsam kletterte er die Leiter herab und schritt durch die starre Gruppe.

Zum ersten Mal in seinem Leben trug er den Kopf hoch. Er begegnete den Blicken der anderen mit kühler Gelassenheit. Keiner sprach ein Wort oder lachte gar. Er fühlte sich so stark, als hätte er gerade die wichtigste Prüfung in seinem Leben bestanden. Er spürte so etwas wie Achtung vor sich selbst. Eines Tages würde er springen, das wusste er plötzlich.

*Annette Rauert: Der Schritt zurück, https://www.christoph-kreitmeir.de/spirituelles/textmeditationen/der-schritt-zurück, Stand: 19. 10. 2019*

**Aufgabe:**

Verfasse eine Textbeschreibung. Beachte dabei folgende Punkte:

- Nenne Titel, Autor und Thema der Erzählung.
- Fasse den Inhalt zusammen.
- Beschreibe die Gefühle und Gedanken des Jungen.
- Bewerte seine Entscheidung.
- Stelle einen Bezug zu deinem eigenen Leben her.

Der Text muss mindestens 150 Wörter umfassen, er kann jedoch auch länger sein. Schreibe in vollständigen Sätzen. Gliedere deinen Text in Einleitung, Hauptteil und Schluss. Achte auf korrekte Sprache und Rechtschreibung, beides wird bewertet.

## Teil A 1

**Warum sich Menschen tätowieren lassen:
Über ein Schönheitsideal und den Spiegel der Persönlichkeit**

Das Tätowieren liegt im Trend und macht einen Zeitgeist deutlich.

Tätowierungen zeigen eine Lebenseinstellung und weisen auf eine bestimmte Art der Persönlichkeit hin, da sind sich Experten einig.

Auf die Frage, warum Menschen sich tätowieren lassen, gibt es keine einfache Antwort. Valentina Stirn ist Ärztin und hat in zahlreichen Studien untersucht, was Menschen dazu bringt, ihren Körper dauerhaft zu verändern. Sie meint, dass der Wunsch, sich Motive in die Haut stechen zu lassen, nicht nur an einem bestimmten Schönheitsideal liegt, sondern auch eine spezielle Lebenseinstellung deutlich macht. „Wer sich tätowieren lässt, der markiert sich", sagt Stirn.

Stirn unterscheidet zwischen Menschen, die nur ein oder zwei Tätowierungen haben und denjenigen, die eine Sammelleidenschaft entwickeln. „Für einige wird das Tattoo-Stechen zur Sucht. Sie haben das Verlangen nach immer mehr Tattoos."

Stirn hat in ihren Studien festgestellt, dass Menschen mit vielen Tätowierungen experimentierfreudiger und risikobereiter sind als andere. Das können positive wie negative Eigenschaften sein. „Einerseits sind sie offen für Neues und abenteuerlustig, andererseits aber häufig auf der Suche nach noch mehr Reizen und Risiken."

Der Psychologe Dirk Hofmeister forscht darüber, was vor allem junge Menschen dazu treibt, sich Tätowierungen oder Piercings stechen zu lassen. Der wichtigste Beweggrund von Jugendlichen sei ihr Drang nach Individualität. „Viele wollen einen Vorsprung vor Gleichaltrigen haben und herausragen, auffallen. Sei es durch Klamotten, Frisur, ungewöhnliche Hobbys – oder eben Körperschmuck", sagt Hofmeister.

Neue Lebensabschnitte, wie zum Beispiel eine neue Liebe oder die Geburt eines Kindes, sind beliebte Momente, um sich ein neues Tattoo zu gönnen. „Die meisten Menschen überlegen lange, bevor sie sich tätowieren lassen. Sie entscheiden sich ganz bewusst, welches Motiv sie an welcher Körperstelle haben wollen. Schließlich bleibt ein Motiv, das unter die Haut gestochen wurde, ein Leben lang auf dem Körper", sagt Hofmeister.

Genauso unterschiedlich wie die Auswahl der farbigen Motive sind auch die Persönlichkeiten der Tätowierten. Es ist schließlich ein Unterschied, ob sich jemand eine Axt auf den Rücken oder einen Delphin an den Knöchel stechen lässt. Eines scheinen die Tattoo-Träger jedoch gemeinsam zu haben: „Unsere Studien zeigen, dass Menschen mit Tätowierungen häufig gesprächiger sind als andere", sagt Hofmeister.

Aus Umfragen geht aber auch hervor, dass sich nicht alle Arbeitnehmer im Klaren darüber sind, wie der Chef oder die Chefin zu sichtbaren Tattoos steht. Jeder Zehnte der Befragten glaubt, dass die eigenen Tattoos einen negativen Einfluss darauf haben, wie man beruflich wahrgenommen wird.

Einer von fünf hat sich der Karriere zuliebe sogar ganz gegen Tattoos entschieden. 28 Prozent der unter 34-Jährigen werden sich aus Sorge um ihre Karrieren wahrscheinlich nicht tätowieren lassen. Jeder zehnte Mann hat eine Beschwerde wegen seiner Tattoos am Arbeitsplatz erhalten – das sind doppelt so viele Beschwerden wie bei Frauen. Aber keine Panik: Nur jeder 50. hat wegen der Tinte unter seiner Haut schon mal den Job verloren.

Die Tatsache, dass inzwischen fast die Hälfte der 15- bis 25-Jährigen ein Tattoo oder Piercing trägt, zeigt, dass die gesellschaftliche Akzeptanz inzwischen deutlich größer ist als noch vor wenigen Jahren. Dennoch sei es für manche Arbeitgeber noch immer ein Problem, wenn ihre Mitarbeiter sichtbar tätowiert sind. Die Gründe dafür liegen möglicherweise darin, dass es Vorurteile gegenüber tätowierten Menschen gibt. In vielen Berufen jedenfalls möchten Arbeitgeber, dass Tätowierungen unter der Kleidung verborgen bleiben.

*Quelle: Anna Vonhoff: Warum sich Menschen tätowieren lassen, Focus online vom 09.09.2014, im Internet unter: https://www.focus.de/gesundheit/ratgeber/psychologie/news/lifestyle-schoenheitsideal-und-spiegel-der-persoenlichkeit-warum-sich-menschen-taetowieren-lassen_aid_742024.html (Stand: 21. 06. 2021). Aus didaktischen Gründen verändert und gekürzt.*

**12 Punkte**

## Textverständnis

(2 P.) 1. Nenne zwei Gründe aus dem Text, warum sich Menschen tätowieren lassen.

(3 P.) 2. Entscheide mit Hilfe des Textes, ob die Aussagen richtig oder falsch sind. Notiere auf dem gesonderten Papierbogen „richtig“ oder „falsch“.
- a) Tätowierungen weisen auf eine spezielle Einstellung zum Leben hin.
- b) Die meisten Menschen entscheiden sich spontan für ein Tattoo.
- c) Tätowierungen sind ein häufiger Kündigungsgrund.

(3 P.) 3. Menschen mit vielen Tätowierungen zeigen andere Verhaltensweisen als nicht-tätowierte Menschen. Nenne hierfür drei Beispiele aus dem Text.

(4 P.) 4. Finde die vier im Text genannten Möglichkeiten für junge Menschen, sich von Gleichaltrigen abzuheben und schreibe sie auf den gesonderten Papierbogen.

**13 Punkte**

## Sprachgebrauch

(2 P.) 5. Nenne für jede der genannten Wortarten ein Beispiel.
- a) Personalpronomen
- b) Verb in der Grundform
- c) Konjunktion
- d) Präposition

(2 P.) 6. Erkläre die Schreibung der fett gedruckten Buchstaben.
- a) Tätowierungen und Piercings sind nicht i**mm**er gern gesehen.
- b) Dies ist inzwischen nichts **A**ußergewöhnliches mehr.

(3 P.) 7. Ersetze die fett gedruckten Begriffe in den folgenden Sätzen durch ein anderes Wort mit der gleichen Bedeutung. Der Text kann dir helfen.
- a) Tätowierte wollen sich **kennzeichnen**.
- b) Wichtigste **Motivation** von Jugendlichen ist der Wunsch nach Individualität.
- c) Tätowierungen sind inzwischen deutlich häufiger gesellschaftlich **geduldet**.

(3 P.) 8. Übertrage die Sätze mit allen fehlenden Satzzeichen auf den gesonderten Papierbogen.
- a) Es ist nicht leicht zu erklären warum sich Menschen tätowieren lassen.
- b) Motive für ein Tattoo sind zum Beispiel ein Einhorn ein Delfin ein Schriftzeichen oder ein aufwändiges Bild.
- c) Morgen werde ich mir ein Tattoo stechen lassen sagt die 18-jährige Tochter zu ihrer Mutter.

(3 P.) 9. Setze die folgenden Sätze in die angegebene Zeitform.
- a) Er entscheidet sich für ein Tattoo am Oberarm. (**Perfekt**)
- b) Seine Tätowierung auf dem Rücken gefiel ihm nicht mehr. (**Präsens**)
- c) Am Montag lässt er sich im Tattoo-Studio beraten. (**Futur I**)

## Teil A 2

**Lektüre „Der Sonne nach" von Gabriele Clima** **25 Punkte**

10. Im Roman werden wichtige Themenfelder im Leben eines Jugendlichen angesprochen. Nenne drei davon. (3 P.)

11. Ordne die folgenden Sätze den vorgegebenen Kapiteln des Buches zu. (8 P.)

    **Beispiel:** Kapitel 3 – Dario lernt Andy kennen.

    *Kapitel:*
    Kapitel 6, Kapitel 9, Kapitel 13, Kapitel 20, Kapitel 25,
    Kapitel 29, Kapitel 32, Kapitel 36

    *Sätze:*
    Dario und die Nonne retten einen verletzten Vogel.
    Rak motorisiert den Rollstuhl.
    Bei der Party lässt Dario Andy eine Weile alleine.
    Sie steigen in den Zug.
    Andy und Dario sitzen am Meer.
    Andy und sein Vater besuchen Dario zu Hause.
    Ankunft bei Darios Vater.
    Sie übernachten in einer Kirche.

12. Dario muss Elisa helfen, sich um Andy zu kümmern. Beschreibe in drei Beispielen, was Dario an ihrer Art, mit Andy umzugehen, stört. (3 P.)

13. In Kapitel 4 sagt Andy zum ersten Mal ein Wort zu Dario. Beschreibe kurz, worum es geht und wie Dario reagiert. (2 P.)

14. Nenne zwei Veränderungen, die Andys Vater nach seiner Rückkehr an Andy bemerkt. (2 P.)

15. **Hinweis zur Aufgabe**
    Aufgrund der erschwerten Lernsituation während der Corona-Pandemie standen den Fachlehrkräften zwei produktive Schreibaufgaben zur Auswahl, von denen den Schülerinnen und Schülern jedoch nur eine zur Bearbeitung vorgelegt wurde.

    Brief (7 P.)

    Nach ihrer Rückkehr sehen sich Dario und Andy für längere Zeit nicht. Dario denkt über viele Dinge nach. Stell dir vor, Dario schreibt Andy einen Brief, in dem er ihm erzählt, wie er die Reise mit ihm erlebt hat.

    - Nenne zwei Dinge, für die sich Dario bei Andy entschuldigt.
    - Beschreibe eine Begebenheit mit Andy, über die sich Dario gefreut hat.
    - Erzähle von einer Situation, in der sich Dario über andere Menschen geärgert hat.
    - Schreibe auf, was sich Dario vielleicht für die Zukunft wünschen würde.

    Schreibe Darios Brief. Gehe auf alle Punkte ein. Achte auf die korrekte Briefform. Auch die Rechtschreibung wird bewertet.

**oder:**

(7 P.) Dialog

Dario hat seiner Mutter nicht gesagt, dass er seinen Vater suchen will. Stell dir vor, dass die beiden nach Darios Rückkehr ein Gespräch führen, in dem sie sich über die Reise unterhalten.

- Dario berichtet, warum er mit Andy in den Zug gestiegen ist.
- Er erzählt, wodurch er auf die Idee gekommen ist, nach seinem Vater zu suchen.
- Er spricht von zwei spannenden Erlebnissen.
- Er nennt zwei schöne oder lustige Ereignisse.
- Er erzählt, wie sich Andy verändert hat.

Stell dir vor, wie der Dialog verlaufen sein könnte.

MUTTER: „Ich hab mir Sorgen um euch gemacht."

DARIO: „..."

MUTTER: „..."

DARIO: „..."

Schreibe einen Dialog. Gehe auf alle oben genannten Punkte ein. Achte auch auf die Rechtschreibung, denn diese wird auch bewertet.

<u>Eine</u> der Aufgaben ist zu bearbeiten.

## Teil B

50 Punkte

### Aufgabe 1: Erörterung

**Kündigungsgrund: Tätowierung**

Heutzutage ist es beinahe schwieriger, jemanden zu finden, der nicht tätowiert ist, als andersherum. Auf Instagram gibt es unter Hashtags wie #tattoo, #tattooinspiration oder #tattoogirls Millionen von Posts. Aber ist dieser Trend auch bei den Arbeitsgebern angekommen? Oder haben Tätowierte noch immer mit Vorurteilen am Arbeitsplatz zu kämpfen? Eine repräsentative Umfrage kommt zu interessanten Ergebnissen. So tragen beispielsweise 60 % der befragten Führungskräfte Tattoos.

Überall dort, wo Menschen aufeinandertreffen, lassen sie sich von Äußerlichkeiten leiten – erst recht dann, wenn sie die Fähigkeiten anderer beurteilen sollen.

Dabei zeigt sich, dass Vorurteile einfach zu tief in unserem Gehirn verwurzelt sind. Auch deshalb galt eine Tätowierung bisher als Nachteil für die Karriere, denn der Körperschmuck diente lange Zeit traditionell als Merkmal von Seeleuten, Gefängnisinsassen und Gangmitgliedern. Doch weil Tätowierungen inzwischen in der Mitte der Gesellschaft angekommen sind, wächst nun offenbar auch die Akzeptanz unter angesehenen Berufen und wird auch noch weiter zunehmen. Das legt zumindest eine wissenschaftliche Studie nahe. Die Studie kommt zu dem Schluss: „Entgegen der landläufigen Meinung scheinen Tätowierungen die Aussichten auf dem Arbeitsmarkt inzwischen nicht mehr zu schmälern."

Die Tätowierung einer jungen Frau wurde jedoch kürzlich gerichtlich verhandelt. Sie hatte sich ein großflächiges Tattoo auf den rechten Unterarm stechen lassen. Das Verwaltungsgericht Darmstadt meinte, zu großflächig, jedenfalls für eine Polizistin. Die Frau war wegen des Tattoos nicht zum Auswahlverfahren für eine Ausbildung für den Polizeidienst zugelassen worden. Dagegen hatte sie geklagt. Die Richter jedoch meinten, das Verbot der Polizei sei nachvollziehbar.

Die Entscheidung wirft Fragen auf: Was darf ein Chef seinen Mitarbeitern verbieten? Welche Tattoos sind für welche Karrieren hinderlich? In der Arbeitswelt haben Chefs tatsächlich das Recht, beim Erscheinungsbild ihrer Mitarbeiter mitzusprechen. „Der Arbeitgeber ist Herr des Arbeitsbereichs. Er kann bestimmen, welchen Eindruck der Mitarbeiter in der Öffentlichkeit vermitteln soll", sagen Arbeitsrechtsexperten. Besonders strenge Regeln gelten für die Angestellten des öffentlichen Dienstes und für Beamte, wie zum Beispiel Polizisten. Sie stehen in einem besonderen Verhältnis zu ihrem Arbeitgeber und genießen in der Gesellschaft großes Vertrauen.

Auch bei Arbeitsplätzen mit Publikumsverkehr können Tätowierungen zur Ablehnung einer Bewerbung führen. Das könnte Bankangestellte betreffen, Flugbegleiterinnen und Flugbegleiter oder Servicekräfte im Restaurant. Sie alle sind verpflichtet, Vereinbarungen über das Erscheinungsbild zu beachten. Was optisch erlaubt ist oder nicht, entscheide jeweils der Arbeitgeber, sagen die Experten.

„In einem hippen Klamottenladen kann es sein, dass Tattoos sogar gern gesehen sind." Eine kleine, dezente Tätowierung sei kein Hindernis für den Polizeidienst, so das Darmstädter Verwaltungsgericht, die Tätowierung der Bewerberin wäre allerdings selbst in Uniform zu sehen gewesen.

Thomas März, der Chef eines Tätowier-Ladens, kennt diese Problematik. „Gerade junge Leute um die 20 wollen sichtbare Tattoos. Sie sind häufig leider sehr sorglos. Wir weisen die Kunden auf mögliche Nachteile hin, wenn es um Unterarme, Hände, Hals oder das Gesicht geht. Wir besprechen dann auch Alternativen." Tätowierungen seien für die Ewigkeit, „auch wenn es inzwischen Studios gibt, die Tätowierungen und deren Entfernung per Laser nach zehn Jahren im Paket verkaufen."

Diese Behandlung ist allerdings langwierig und schmerzhaft. Also sollte man sich vorher lieber gut beraten lassen.

*Quellen: TATTOOS AM ARBEITSPLATZ Überraschende Studie: Führungskräfte sind häufiger tätowiert als ihre Untergebenen, STERN 21.10.2019, im Internet unter: https://www.stern.de/neon/vorankommen/karriere/tattoos-am-arbeitsplatz--ueberraschende-ergebnisse-bei-studie-8960472.html*
*Daniel Rettig: Tätowierungen sind kein Karrierekiller, Wirtschaftswoche vom 13.08.2018, im Internet unter: https://www.wiwo.de/erfolg/beruf/studie-taetowierungen-sind-kein-karrierekiller/22908162.html*
*Johanna Bruckner und Lisa Rüffer: Tattoo-Regeln im Job Kündigungsgrund: Körperschmuck, SZ.de vom 05.06.2014, im Internet unter: https://www.sueddeutsche.de/karriere/tattoo-regeln-im-job-kuendigungsgrund-koerperschmuck-1.1985902*

**Aufgabe:**

Schreibe eine Erörterung zu der Frage: **„Hältst du es für richtig, dass die Arbeitgeber bestimmen, ob die Mitarbeiter sichtbare Tätowierungen haben dürfen?"**

Beachte dabei folgende Punkte:

- Nenne anfangs den Titel und gib kurz den Inhalt des Textes wieder.
- Benenne mindestens drei Beispiele für Berufe, bei denen der Arbeitgeber vielleicht auf Tätowierungen achtet.
- Nenne deinen Berufswunsch und gehe darauf ein, wie der zukünftige Arbeitgeber vermutlich zu Tätowierungen steht.
- Würdest du auf eine Tätowierung verzichten, weil dein Arbeitgeber Tätowierungen ablehnt? Begründe deine Haltung.

Der Text muss mindestens 150 Wörter umfassen, er kann jedoch auch länger sein. Schreibe in vollständigen Sätzen. Gliedere deinen Text in Einleitung, Hauptteil und Schluss. Achte auf korrekte Sprache und Rechtschreibung, beides wird bewertet.

## Aufgabe 2: Textbeschreibung Lyrik

### Mascha Kaléko. Sozusagen grundlos vergnügt

Ich freu mich, dass am Himmel Wolken ziehen
Und dass es regnet, hagelt, friert und schneit.
Ich freu mich auch zur grünen Jahreszeit,
Wenn Heckenrosen und Holunder blühen.
– Dass Amseln flöten und dass Immen[1] summen,
Dass Mücken stechen und dass Brummer brummen.
Dass rote Luftballons ins Blaue steigen.
Dass Spatzen schwatzen. Und dass Fische schweigen.

Ich freu mich, dass der Mond am Himmel steht
Und dass die Sonne täglich neu aufgeht.
Dass Herbst dem Sommer folgt und Lenz[2] dem Winter,
Gefällt mir wohl. Da steckt ein Sinn dahinter,
Wenn auch die Neunmalklugen[3] ihn nicht sehn.
Man kann nicht alles mit dem Kopf verstehn!
Ich freue mich. Das ist des Lebens Sinn.
Ich freue mich vor allem, dass ich bin.

In mir ist alles aufgeräumt und heiter:
Die Diele blitzt. Das Feuer ist geschürt.
An solchem Tag erklettert man die Leiter,
Die von der Erde in den Himmel führt.
Da kann der Mensch, wie es ihm vorgeschrieben,
– Weil er sich selber liebt – den Nächsten lieben.
Ich freue mich, dass ich mich an das Schöne
Und an das Wunder niemals ganz gewöhne.
Dass alles so erstaunlich bleibt, und neu!
Ich freu mich, dass ich … Dass ich mich freu.

1 *Immen: Bienen*

2 *Lenz: Frühling*

3 *Neunmalkluge: Besserwisser, Schlauberger*

*Quelle: Mascha Kaléko: Sozusagen grundlos vergnügt. Aus Mascha Kaléko: In meinen Träumen läutet es Sturm.*


**Aufgabe:**

Verfasse eine Textbeschreibung für das Gedicht. Gehe auf folgende Punkte ein:

- Nenne Autorin, Titel und Thema des Gedichts.
- Stelle den formalen Aufbau dar. Verwende die Fachbegriffe Strophe, Vers und Reim.
- Beschreibe, wie die Natur dargestellt und welche Stimmung dadurch erzeugt wird.
- Berichte von einer Situation, in der du dich selbst so gefreut hast, dass du die ganze Welt umarmen wolltest.

Der Text muss mindestens 150 Wörter umfassen, er kann jedoch auch länger sein. Schreibe in vollständigen Sätzen. Gliedere deinen Text in Einleitung, Hauptteil und Schluss. Achte auf korrekte Sprache und Rechtschreibung, beides wird bewertet.

## Aufgabe 3: Textbeschreibung Prosa

### Torsten Löschmann: Im Abseits

Entspannt ließ er sich aufs Sofa fallen. Es versprach ein gemütlicher Abend zu werden. Seine Frau war über das Wochenende bei ihrer besten Freundin und seine 15-jährige Tochter hatte sich gerade zu einer Party verabschiedet, von der sie erst spät zurückkommen würde.

Also war er allein mit dem Fernseher. Zufrieden schaltete er das Gerät an und wartete gespannt auf die bevorstehende Fußballübertragung.

Als er aufwachte, stellte er enttäuscht fest, dass er die zweite Halbzeit verschlafen hatte. Ein schneller Blick auf den Videotext verriet ihm, dass sein Verein mal wieder verloren hatte. Ein Fehlpass im letzten Drittel hatte zum entscheidenden Gegentor geführt. Leise fluchend erhob er sich vom Sofa und ging auf den Flur. Im Vorbeigehen fiel sein Blick auf die Uhr. Kurz vor elf. Gleich müsste seine Tochter nach Hause kommen.

Auf dem Flur sah er, dass ihre Winterjacke am Haken hing. Na großartig. Sie hatte mal wieder nur ein dünnes Jäckchen angezogen. Er seufzte. Morgen würde sie schniefend im Bett liegen und er konnte sich eine Standpauke seiner Frau anhören, warum er nicht darauf geachtet hatte, dass „das Kind“ sich vernünftig anzieht.

Um kurz nach elf schüttelte er genervt den Kopf. Es war ja klar, dass sie sich verspäten würde! Eine halbe Stunde später marschierte er wütend im Wohnzimmer auf und ab. Sie war noch immer nicht zu Hause. Typisch. Nie hielt sie sich an Absprachen, regte sich ständig auf, dass ihre Eltern kleinkariert und viel zu streng seien. Sie hatte ja keine Ahnung, was einem Mädchen in der Nacht alles passieren konnte, so allein auf der Straße. Und dann auch noch ohne vernünftige Jacke! Um kurz vor zwölf griff er nervös zum Telefon. Schnell hatte er die Handynummer seiner Tochter eingetippt und wartete darauf, mit ihr verbunden zu werden. Sie hätte sich ja wenigstens melden können! In Gedanken legte er sich schon die Worte für sein Angriffsspiel zurecht, das würde eine Strafpredigt werden, die sich gewaschen hatte. Doch leider hörte er Sekunden später das Gerät seiner Tochter an der Garderobe summen. Nicht mal das Handy hatte sie mitgenommen. Er stürmte in den Flur, erschrak kurz vor seinem Spiegelbild, grimmiger Blick, Zornesfalten, mürrischer Mund, und wandte sich dem Klamottenwirrwarr an den Kleiderhaken zu. Beim wütenden Suchen des Handys riss er so an der Jacke, dass eine Naht aufriss.

Vor seinem inneren Auge erschienen schreckliche Bilder. Und gleichzeitig stieg der Ärger auf seine Tochter. Vermutlich tanzte sie gerade ausgelassen und scherte sich einen Dreck darum, dass ihr Vater sich daheim große Sorgen machte. Wie konnte man nur so unzuverlässig sein?

Da stellte er fest, dass er nicht einmal wusste, mit wem sie unterwegs war. Er hatte keine Ahnung, wo die Party überhaupt stattfand. Seine Frau hätte all das sicher erfragt.

Vielleicht würde ja auf ihrem Schreibtisch ein Hinweis liegen. Eine Einladung oder so etwas. Schnell rannte er in das Zimmer seiner Tochter, knipste die Schreibtischlampe an und durchwühlte schnaubend den Papierstapel auf der Tischplatte.

„He, Papa, was ist denn los?“ Irritiert verharrte er in der Bewegung. Er drehte sich um und blickte in die verschlafenen Augen seiner Tochter. „Was machst du hier?“, stieß er zu harsch hervor.

„Das ist mein Zimmer. Ich liege im Bett und versuche zu schlafen“, antwortete sie gereizt.

„Seit wann bist du denn hier?“, fragte er mittlerweile etwas sanfter.

„Halb elf“, antwortete sie gähnend. „Du hast auf dem Sofa gepennt, als ich kam. Wollte dich nicht wecken.“ Und damit drehte sie ihm den Rücken zu und zog sich die Decke über den Kopf.

*Quelle: Torsten Löschmann: Im Abseits. Aus: Neue Kurzgeschichten und Erzählungen, Persen Verlag, Hamburg 2020.*

**Aufgabe:**

Verfasse eine Textbeschreibung zum vorliegenden Prosatext. Beachte dabei folgende Punkte:

- Nenne Titel, Autor und Thema der Erzählung.
- Beschreibe die beiden Hauptpersonen und deren Beziehung zueinander.
- Stelle dar, wie sich die Wut des Vaters entwickelt und nenne die einzelnen Gründe dafür.
- Stell dir vor, die Mutter kommt am nächsten Tag nach Hause. Schreibe auf, was der Vater seiner Frau über den Abend erzählt.

Der Text muss mindestens 150 Wörter umfassen, er kann jedoch auch länger sein. Schreibe in vollständigen Sätzen. Gliedere deinen Text in Einleitung, Hauptteil und Schluss. Achte auf korrekte Sprache und Rechtschreibung, beides wird bewertet.

## Englisch

# Hinweise und Tipps zur Abschlussprüfung im Fach Englisch

## 1 Ablauf der Prüfung

Die Hauptschulabschlussprüfung besteht aus einem schriftlichen Prüfungsteil, der zentral gestellt wird, und aus einer Kommunikationsprüfung, die deine Schule erstellt. Seit 2020 enthält sie folgenden Prüfungsteile:

**Schriftliche Prüfung:**

| | |
|---|---|
| A Listening Comprehension | 30 Min. |
| | Pause |
| B Text-based Tasks<br>C Use of Language<br>D Writing | 90 Min. |

**Kommunikationsprüfung:**

| | |
|---|---|
| A Monologisches Sprechen<br>B Dialogisches Sprechen<br>C Sprachmittlung | 15 Min. |

Die schriftliche Prüfung und die Kommunikationsprüfung werden dabei im Verhältnis **3:2** gewertet, d. h., die schriftliche Prüfung zählt mehr. Das Ergebnis deiner Jahresleistung und deiner Prüfungsleistung (schriftlich und Kommunikationsprüfung) machen zu **jeweils 50 %** dein gesamtes Prüfungsergebnis aus.

## 2 Inhalte und Themen

Die Prüfung hat kein alle Aufgaben übergreifendes Thema. Nur in den Prüfungsteilen B und C beziehen sich die Aufgaben jeweils auf einen Text. Es handelt sich dabei um authentische Texte, die oft aus der Lebenswelt junger Menschen stammen.

## 3 Leistungsanforderungen

### Allgemeine Kenntnisse und Fertigkeiten

Von dir wird erwartet, dass du geschriebene oder gesprochene Texte zu bekannten Themen verstehst, auch wenn darin unbekannte Wörter enthalten sind. Das Schreiben von E-Mails oder einfachen Texten nach Vorgaben sollte dir auch keine Probleme bereiten. In der Kommunikationsprüfung kommt es u. a. darauf an, dass du in Alltagssituationen zwischen zwei Personen vermitteln kannst und dass du Fragen stellen und auf Fragen reagieren kannst.

### Listening Comprehension

Dieser Prüfungsteil besteht aus vier Teilen. Nachdem du Zeit hattest, dir die Aufgaben anzusehen, hörst du die Texte jeweils immer zweimal. Bei den Aufgaben musst du z. B. die richtigen Bilder oder Aussagen ankreuzen, einzelne Wörter in einen Lückentext eintragen oder eine Zuordnung vornehmen. Selbst formulierte Sätze werden nicht gefordert. Dein Wortschatz muss aber groß genug sein, um auch schwierigere Aussagen zu verstehen, unbekannte Wörter aus dem Kontext zu erschließen und die Kernaussage längerer Texte zu erfassen. Im Gegensatz zu allen anderen Teilen der Prüfung darfst du hier kein Wörterbuch verwenden. Anders als im Rest der Prüfung notierst du hier deine Lösungen auch direkt auf dem Aufgabenblatt.

### Text-based Tasks

Du sollst hier zeigen, dass du z. B. Texte auf Hinweis- oder Verbotsschildern und einen längeren Sachtext verstehst. Dabei musst du die richtigen Antworten (z. B. A, B, C oder *true/false/not in the text*) auswählen, aber auch Überschriften den richtigen Textstellen zuordnen. Auch musst du zu vorgegebenen Sätzen diejenigen im Text finden, die dasselbe bedeuten. Bei der Bearbeitung der Aufgaben darfst du ein Wörterbuch zu Hilfe nehmen. Beachte auch, dass du in der Prüfung deine Lösungen auf einem extra Schülerbogen notieren musst.

### Use of Language

Hier werden deine Wortschatz- und Grammatikkenntnisse geprüft. Es wird dir dabei ein kurzer Text vorgelegt, der mehrere Lücken enthält. Du musst nun entscheiden, welches der vorgegebenen Wörter jeweils in die Lücke gehört. Weiterhin musst du zu Vokabeln aus dem Text Synonyme finden sowie Wörter mit der gegenteiligen Bedeutung. Auch sollst du zu manchen Wörtern Definitionen angeben und zum Thema des Textes Fragen formulieren. Das Wörterbuch kann dir dabei behilflich sein. Deine Lösungen notierst du in der Prüfung auch hier auf einem Schülerbogen.

### Writing

Im letzten Teil der Prüfung musst du zeigen, dass du eigene Texte auf Englisch verfassen kannst. Du kannst dabei das Wörterbuch verwenden. Der Prüfungsteil „Writing" besteht aus zwei Teilen, die du beide bearbeiten musst. Im ersten Teil verfasst du eine E-Mail, z. B. an einen Brieffreund. Es werden dir dabei mehrere Punkte vorgegeben, auf die du eingehen sollst. Wichtig ist auch, dass du mindestens 60 Wörter schreibst. Der zweite Teil ist etwas umfangreicher, da du mindestens 80 Wörter schreiben musst. Hier sollst du einen Text zu einem bestimmten Thema, z. B. deinem Lieblingsstar, verfassen. Es werden dir dabei verschiedene Ideen auf Englisch vorgegeben, die du in deinem Text verwenden kannst.

### Kommunikationsprüfung

Die Kommunikationsprüfung dauert insgesamt 15 Minuten und wird einzeln oder zu zweit abgelegt. Sie findet vor der schriftlichen Prüfung statt und besteht aus folgenden Teilen:

**Teil A: Monologisches Sprechen:** Dieser Teil ist eine Einzelprüfung. Hier präsentierst du dein Schwerpunktthema, d. h., du musst über ein bestimmtes Thema selbstständig sprechen. Versuche, so frei wie möglich vorzutragen.

**Teil B: Dialogisches Sprechen:** In diesem Prüfungsteil seid ihr zu zweit und bekommt jeweils eine „prompt card". Auf der einen Karte stehen Informationen, auf der anderen Karte Stichworte für Fragen. Sind alle Fragen gestellt und beantwortet, wechselt ihr die Rollen. Hierfür bekommt ihr neue Karten.

**Teil C: Sprachmittlung:** Hier sollst du in einer Situation, die dir auf Englisch erklärt wird, zwischen zwei Personen vermitteln. Person A spricht nur Deutsch, Person B nur Englisch. Du musst abwechselnd einmal ins Deutsche und einmal ins Englische übertragen. Es geht hier nicht darum, Wort für Wort zu übersetzen, sondern den Inhalt sinngemäß wiederzugeben.

## 4 Bewertung

Achte in den Teilen „Text-based Tasks", „Use of Language" und „Writing" darauf, dass du deine Lösungen mit der richtigen Aufgabennummer korrekt auf dem Schülerbogen notierst. Beim Schreiben geht es vorrangig um Verständlichkeit: würde z. B. eine Engländerin verstehen, was du geschrieben hast? Auch in der mündlichen Prüfung gilt als Mindestanspruch: würde ein Muttersprachler das verstehen? Darüber hinaus achten die Prüfer*innen auch auf deine Aussprache und deine Flexibilität: Ist dein Wortschatz umfangreich oder benutzt du immer die gleichen Worte? Kannst du ein Gespräch in Gang halten?

## 5 Hinweise und Tipps zur schriftlichen Prüfung

- Lies die Aufgaben und Anweisungen **genau** durch. Achte darauf, was von dir verlangt wird.
- Versuche zunächst, unbekannte Worte aus dem Zusammenhang zu erschließen. Vielleicht verstehst du einen Satz auch ohne dieses Wort. Das Nachschlagen im Wörterbuch (in den Teilen B–D) braucht **viel Zeit** und muss gut geübt sein.
- Verwende nicht zu viel Zeit für Aufgaben, die dir schwierig erscheinen. Besser ist es, zuerst alle Aufgaben zu bearbeiten und am Schluss noch einmal zu den Aufgaben zurückzukehren, die dir Probleme bereitet haben.
- Für die Prüfungsteile B bis D solltest du dir eine Uhr mit in die Prüfung nehmen. Es ist wichtig, dass du dir die Zeit sinnvoll einteilst.

## 6 So kannst du dich mit diesem Buch auf die Prüfung vorbereiten

Seit dem Prüfungsjahrgang 2020 sieht die Hauptschulabschlussprüfung etwas anders aus. So ist z. B. der Teil „Use of Language" neu hinzu gekommen und im „Writing"-Teil sind die Aufgaben „Letter" und „Dialogue" entfallen. Anhand der **Aufgabe im Stil der Prüfung** sowie den **Originalprüfungen 2020, 2021** und **2022** kannst du dich optimal auf die Prüfung vorbereiten.
Da viele Aufgabenformate gleich oder sehr ähnlich geblieben sind, kannst du auch die **Original-Prüfung 2019** gut zur Vorbereitung verwenden. Auch wenn eine Aufgabe nicht 1:1 mit einer Aufgabe im Stil der neuen Prüfung übereinstimmt, schadet es nicht, diese zu Übungszwecken ebenfalls zu bearbeiten. Im Folgenden findest du eine Übersicht, welche alten Aufgaben zu welchen neuen Prüfungsteilen passen.

| Prüfungsteile der neuen Prüfung: | Mit welchen alten Original-Prüfungsaufgaben kann ich üben? |
|---|---|
| A *Listening Comprehension* | *Listening Comprehension* 2019: Part 1, 2, 3 und 5 |
| B *Text-based Tasks* (früher: *Reading Comprehension*) | *Reading Comprehension* 2019: Part 1, 2, 3 und 5 |
| C *Use of Language* | *Reading Comprehension* 2019: Part 4 |
| D *Writing* | *Writing* 2019: Part 3 |

# Übungsaufgabe im Stil der Hauptschulabschlussprüfung Englisch

## A. Listening Comprehension

### Part 1

There is one question for each conversation. Mark A, B or C.

Text

Question 1

**Jane:** Where should we go on holiday this year, Tom?

**Tom:** I don't want to go to a city again. We went to one last year.

**Jane:** I'd like to go to Japan – we haven't been there yet.

**Tom:** I'm not sure I want to go there. I'd like to go somewhere different.

**Jane:** Like where? South Africa? Australia?

**Tom:** A safari in South Africa sounds fun. I'll see what's on the internet about it.

Question 2

**Man:** Excuse me, please. Can you help me?

**Woman:** Of course. Are you lost?

**Man:** No, I'm not. I just need some change for the ticket machine. It just takes coins or cards and I've only got a £ 5 note.

**Woman:** I'm sorry, I can't change that. Ask in the shop over there.

**Man:** Thank you, I'll do that.

Question 3

**Tina:** I hate this train at the moment. Every day it arrives at a different time.

**George:** What time should it arrive?

**Tina:** At 6.33. But yesterday it was 10 minutes late, on Monday it was 13 minutes early and today it's 30 minutes late! Who knows when it will come tomorrow!

**George:** It's very annoying, isn't it?

**Tina:** Yes, it is, … especially when you use it every day to get to work.

Question 4

**Phil:** Hi, Julia. I'm going to Whitby tomorrow with my class.

**Julia:** That'll be fun.

**Phil:** Hope so, … and I'm going to have some fish and chips and an ice cream.

**Julia:** Whitby has the best fish and chips in the world.

**Phil:** And the worst seagulls! Last year I was eating my fish and chips outside and one flew down and stole my fish! I only had my chips left!

**Julia:** A flying thief … how cool is that!

Question 5

**Teacher:** Good morning everyone. So, how far did we get yesterday?

**Sam:** We'd just finished question 14 on page 40.

**Teacher:** That's right … and today we're going to do questions 15 and 16.

**Sam:** Can I say something first?

**Teacher:** Of course, Sam, go on.

**Sam:** Most of us had a problem with number 14 … I don't think anyone has got it right.
**Teacher:** Oh dear … let's look at it again then before we do something new.

a) Where does Tom want to go on holiday?

| A | B | C |
|---|---|---|
| Japan | Australia | South Africa |
| A ☐ | B ☐ | C ☐ |

b) What does the man need?

| A | B | C |
|---|---|---|
| a credit card | some change | a £ 5 note |
| A ☐ | B ☐ | C ☐ |

c) How many minutes late is the train today?

A ☐

B ☐

C ☐

d) What did the bird take?

| A | B | C |
|---|---|---|
| ice cream | fish | chips |
| A ☐ | B ☐ | C ☐ |

e) Which question is difficult?

| A | B | C |
|---|---|---|
| 14 | 15 | 16 |
| A ☐ | B ☐ | C ☐ |

*Digitalziffern © DVARG. Shutterstock*

## Part 2

Complete questions a) to e).

Text

On November 11, 1926, a 3,900 km long highway was established in the United States. It was not the first American highway. It was not the longest either. And it might not have been the fastest. But the road inspired musicians, writers and filmmakers. It appealed to explorers and dreamers. It's known as the Route 66. The road cuts through cornfields, deserts, mountains and unusual red rock formations of the west. As the scene outside the car window changes, so, too, do the people and cultures found along the road.

It was disaster that fuelled the road's early success. A series of powerful dust storms in the 1930s destroyed a huge amount of farmland across the prairie states. Hundreds of thousands of mostly poor farm workers and their families began to leave. The migrants headed west on Route 66, hoping the path would lead to a better life in California, the land of opportunity. Exploring the open road has long been an important part of the American experience. And Route 66 became even more popular as the car culture exploded in the 1940s and 50s. However, by the 1960s, large parts of Route 66 were not fit for driving.

The U.S. government built bigger highways, with faster speed limits and fewer traffic lights. These new interstates bypassed small towns, the heart of Route 66. Many of these small towns had depended on Route 66 for business and income. The economies of bypassed small towns suffered. When the traffic stopped on Route 66, so did many of the towns themselves.

*Abridged and adapted from: Ashley Thompson and Caty Weaver: Route 66: 'The Highway that's The Best', in: Voice of America Learning English*

| | | |
|---|---|---|
| The highway is | | 3,900 km long. |
| The highway wasn't the first, the longest or the | a) | ______ |
| The dust storms happened during the | b) | ______ |
| The people who left wanted | c) | ______ life in California. |
| The 1940s and 50s saw the rise of the | d) | ______ culture |
| The new highways were faster and didn't have many | e) | ______ |

## Part 3

For questions a) to e) mark A, B or C.

Text

**Greg:** Hi Sina, how was your trip?

**Sina:** It was really great – Yellowstone National Park is huge and there's a lot to see there.

**Greg:** Old Faithful, I guess, and a few buffalo.

**Sina:** Actually, they're called bison. And, they're big. At Christmas we opened our cabin door and there was one looking at us. I didn't know what to do.

**Greg:** Wait a minute – I thought you went in August.

**Sina:** We did *(laughs)* ... but it was Christmas there – honest. Let me explain: Yellowstone's hotels always celebrate Christmas in August with Christmas trees and decorations.

**Greg:** Why do they do that? It's weird.

**Sina:** There are two stories really – I like the first one. A long time ago there was a heavy snow storm in summer – it can happen – and some visitors to the Park couldn't leave their hotel for many days, so, they decided to have some fun and pretend it was Christmas.

**Greg:** I think I would have done that, too. And the other story?

**Sina:** It's boring. It's just about the people who work in the Park – so let's forget it. I like the snow one best.

**Greg:** Have you got any other good stories from Yellowstone? They're more fun than just talking about animals and geysers.

**Sina:** Oh, Greg! Bison, wolves and bears are cool and the geysers are great, but I did hear another story.

**Greg:** Go on, tell me ... is it more snow or Easter eggs in December?

**Sina:** Now you're just being silly. No, it's about robbers.

**Greg:** Robbers? Real cowboys ... the Wild West, and all that?

**Sina:** I knew you'd like this story ... and it's true! A long time ago visitors came by stagecoach and sometimes they were robbed. In 1914, one robber stopped 25 stagecoaches and robbed 165 passengers. He took over $ 1,000 – and lots of jewellery, too.

**Greg:** Wow, that's some story ... did they catch the robber?

**Sina:** Come on, Greg, the good guys always win!

Vocabulary:
stagecoach: *Postkutsche*

a) In the summer, the hotels ...

A ☐ are usually very full.

B ☐ have parties every night.

C ☐ do something very unusual.

b) In Yellowstone there is always ...

A ☐ a lot to do and see.

B ☐ a risk of snow.

C ☐ somewhere nice to walk.

c) Greg finds …
A ☐ Sina silly.
B ☐ Yellowstone's attractions great.
C ☐ the stories more interesting than the sights.

d) The robbery happened in …
A ☐ 1904.
B ☐ 1914.
C ☐ 1940.

e) The robber was …
A ☐ eventually caught.
B ☐ never found.
C ☐ made up for visitors.

**Part 4**

Write a letter, A–H, next to each person.

Text

**John:** My name's John and I'm 35. I've got a very stressful job, and I hardly ever go on holiday, but when I find the time, I only want to relax, so my wife and I usually go to a luxurious boutique hotel on Vancouver Island that doesn't allow small children. We go for long walks in the woods, get massages, go to the sauna and enjoy the fantastic food there.

**Olivia:** Hi, I'm Olivia and I'm a student at the University of British Columbia. I'm 21 and I love travelling, but I don't want to be seen as a tourist. Since I don't have much money, I usually go couchsurfing when I'm abroad. It's a great and cheap way to meet locals, make new friends and explore places far away from the typical tourist paths.

**Hailey:** I'm Hailey and I'm 25 years old. I wouldn't like to go couchsurfing. I think it's dangerous to stay at the house of someone you don't know. I love travelling, but I don't earn much money, so I always stay at youth hostels. I always choose a small hostel so that there's a cosy atmosphere and travellers get in touch with each other easily.

**Carter:** Hello, my name's Carter and I'm 16. In my summer vacation I usually go camping with my friends. I love hiking and fishing and being outside 24/7, so I wouldn't like to spend my holidays in any other way. My parents, in contrast, usually go on city trips together with their friends from the golf club.

**Josh:** Camping is great, isn't it? I'm Josh and I'm 15. My parents bought a large mobile home five years ago, so we always go camping. I like sleeping in the comfy bed of the mobile home, whereas my younger brother always sleeps in a tent. We always go to the same campsite, which is great, because we meet the same people every year.

| | | |
|---|---|---|
| a) John | ☐ | A Staying in a small hostel |
| b) Olivia | ☐ | B Camping in the wilderness |
| c) Hailey | ☐ | C Staying in a comfortable mobile home |
| d) Carter | ☐ | D Staying in a luxury hotel |
| e) Josh | ☐ | E Doing a road trip by car |
| | | F Couchsurfing with locals |
| | | G Going on a city trip by train |
| | | H Staying at home |

## B. Text-based Tasks

### Part 1

5 pts

Where can you find these signs?
*Example:* B – Part 1: f) A

a)

**Keep off the ice!**
**Drowning hazard.**
**Ice may break.**

A on an icy road
B at a swimming pool
C at a frozen lake

b)

A at a supermarket
B at a self-service restaurant
C at a car park

c)

**No swimming**
**unless lifeguard**
**on duty!**

A in a gym
B at a beach
C in a bath tub

What information do these signs give you?

d)

A Smoking is not allowed inside the buildings and outside.
B Smoking is only allowed in the car park.
C Smoking is only allowed in some buildings.

e)

A You cannot receive text messages while you drive.
B You should not write text messages while steering a car.
C It is not possible to write text messages in a car.

## Part 2 – Part 5: text

Read the following text carefully and carry out the tasks from parts 2, 3, 4 and 5.

### Green roofs benefit people

Water is a necessity of life. Rain, especially, helps plants grow and stay green. But too much rain – especially in cities – can lead to flooding. That can cause waste water systems, like sewers, to overflow and send pollutants into rivers and other waterways. To fight the problem, several cities in the United States are starting programs like rooftop gardens. [...]

A team at the University of the District of Columbia in the nation's capital has created a garden on the top of one school building. The garden holds many kinds of plants to help absorb rainwater ... and grow food at the same time. [...] Rainwater is collected in large containers and sent through a system that waters the rooftop garden. The roof is filled with green life that appeals to insects. [...]

© Alisonh29/Dreamstime.com

In cities, "you don't have that many spaces to choose from and so rooftops are just (unused) space," says Caitlin Arlotta. She is a student in the school's Urban Agriculture program.

The project is part of a research program to see which plants do well on rooftops. The researchers are looking at plants including strawberries, tomatoes and sweet potatoes. "We have the same experiment running with tomatoes as we do with strawberries, so we're doing variety trials and we're trying just to see which variety grows the best in a green roof setting." [...]

One goal of the program is food justice; or in Arlotta's words, "bringing fresh food into cities where you wouldn't necessarily have that access." And that includes produce that might be more used by immigrants. "In the U.S., it may not seem very common to use hibiscus leaves and sweet potato leaves as food, but in many places around the world it is." [...]

Sandy Farber Bandier helps run UDC's Master Gardener program. It seeks to improve cities and make them beautiful by training people to become Master Gardeners. She says she's been surprised by the garden's output. "My biggest surprise was that we produced 4,250 pounds of produce the first year and were able to give that to people in need." [...]

She likes being able to show people who live in D.C. and others beyond the nation's capital what – and how – food can be grown on a rooftop. "This is the future for food." [...] *(375 words)*

*Abridged and adapted from: Julie Taboh, Susan Shand and Caty Weaver: Green roofs benefit people, in: Voice of America Learning English*

**Part 2** 5 pts

Match each part of the text with the correct heading.
*Example:* B – Part 2: f) A

| | |
|---|---|
| a) lines 1–5 | A A university team's solution |
| b) lines 6–11 | B What the program tries to achieve |
| c) lines 18–25 | C The consequences of too much rain |
| d) lines 26–30 | D The result of the project |
| e) lines 31–35 | E What the researchers want to find out |

**Part 3** 5 pts

Decide whether the statements are 'true', 'false' or 'not in the text'.
*Example:* B – Part 3: f) not in the text

a) Rainwater cannot be used to grow food in the garden because it is polluted.
b) Animals are attracted by the plants in the rooftop garden.
c) The researchers try to find out what plants grow best on the rooftop.
d) Most of the food they grow is commonly eaten in South America.
e) Ms Farber Bandier was happy with the amount of food produced in the garden.

**Part 4** 5 pts

Find the corresponding sentence parts or sentences in the text that mean the same.

a) Water is needed for plants to grow.
b) After being collected, the rainwater is distributed to the rooftop garden.
c) Rooftops are areas in the city that can be made use of.
d) The aim of the Master Gardener program is for cities to look nicer as well as to train people to become gardeners.
e) This is how food will be grown in the future.

**Part 5** 5 pts

Complete the sentences by choosing the correct ending according to the text.
*Example:* B – Part 5: f) A

a) In the cities,
   A rain is not a problem at all.
   B too little rain can cause problems.
   C too much rain can cause problems.

b) The plants in the rooftop garden
   A soak up the rainwater.
   B do not absorb the rainwater.
   C do not need the rainwater.

c) A rooftop garden is perfect for cities because
   A food grows better on a rooftop than in a field.
   B there is not much space in cities.
   C you do not have to pay for a rooftop garden.

d) On the rooftop, the researchers
   A only grow vegetables.
   B only grow food from North America.
   C grow several different kinds of plants.

e) Sandy Farber Bandier
   A wants people in need to become gardeners.
   B thinks that not everyone can be a Master Gardener.
   C thinks that rooftop gardens will be a success.

## C. Use of Language

### Part 1

6 pts

Read the text and find the correct word. Mark the correct word.

**The polar bear problem**

© FloridaStock. Shutterstock

Canada has got **(a)** polar bears. They like to hunt seals on the ice of Hudson Bay. Thirty years **(b)**, ice was on the sea from October to June but today it is often only there **(c)** December to May.

Polar bears can only hunt the seals from the ice. They also have to eat a lot of them to gain fat because in the summer they live on the land where there is not **(d)** food for them. The polar bears used to hunt for more than eight months every year, now they are lucky if they can hunt for six months on the ice. A hungry bear is not a happy bear – and for the people in a town called Churchill, hungry bears are a big problem.

The bears **(e)** came to Churchill in late October to wait for the ice to start and they weren't a problem. Now they come early in July! And, **(f)** they are hungry they are now coming close to people's homes where they look for things to eat in bins or they attack dogs. But a polar bear will attack a person, too. No one locks their car here; if a bear chases you, you can get into anyone's car, lock the door and you're safe.

Churchill has a special polar bear prison and polar bear police. If a bear is a problem, the polar bear police catch it and take it to the 'prison'. When there is some ice, the polar bear is taken by helicopter and put onto the ice so it can hunt and be happy once again.

| | | | |
|---|---|---|---|
| a) | a lot | a lot of | lots |
| b) | again | after | ago |
| c) | of | from | for |
| d) | no | enough | many |
| e) | always | also | had |
| f) | but | although | because |

2 pts

**Part 2**

Find the opposites in the text.

a) lose

b) less

2 pts

**Part 3**

Find the synonyms in the text.

a) many of

b) near

2 pts

**Part 4**

Choose <u>two</u> of the following words from the text and give a definition.

a) bin (line 17)

b) to chase (line 18)

c) to lock (line 18)

3 pts

**Part 5**

For a presentation about the Arctic you need to know more about polar bears. Ask <u>three</u> different questions about polar bears.

## D. Writing

### Part 1

8 pts

Write an e-mail to your pen friend.
Your English friend Jason asked you about your holiday plans.

Include <u>at least three</u> of the following points:

- where?
- when?
- who is going with you?
- plans?

Write at least 60 words.

*© abdurahman. 123rf.com*

### Part 2

12 pts

Write about your favourite star. The following ideas can help you.

| job? | age? | looks? | why? |
|---|---|---|---|

**idea box**
musician / singer / YouTuber / actor or actress / writer/ a special person / …
famous / great / lyrics / professional / good cause / …

Write at least 80 words.

# Hauptschulabschlussprüfung in Baden-Württemberg
# Englisch 2019

## I. Listening Comprehension

### Part 1

There is one question for each conversation. For questions 1–5 mark A, B or C.

Question 1

Text

**Clara:** Mum, have you seen my mp3 player? I've looked everywhere and can't find it.

**Mum:** Oh no, not again! Have you looked on your bedside table?

**Clara:** Yes, of course. It's not there.

**Mum:** Did you listen to music while you were doing your homework? It could still be on your desk.

**Clara:** Yes, I did, but I must have put the mp3 player somewhere else. It isn't on my desk.

**Mum:** Maybe you put it in your pocket so that you'll have it on the bus tomorrow morning …

**Clara:** Aaah, now I remember. I wanted to put it in my pocket. But then I put it in my school bag instead 'cos I haven't decided which jacket to wear tomorrow. Thanks, mum!

Question 2

**Henrietta:** Excuse me, Mrs Brown, could you help me please?

**Mrs Brown:** Of course, Henrietta. What is it?

**Henrietta:** I can't decide which exercise to do next.

**Mrs Brown:** Let me see … you could go on with exercise number 4.

**Henrietta:** Exercise 4 … oh, I think this is too easy for me.

**Mrs Brown:** I see. You're looking for something more challenging. Then why don't you try exercise number 7a?

**Henrietta:** OK, 7a … but what about 7b?

**Mrs Brown:** You need a partner to do 7b, but there's nobody free at the moment.

Question 3

**Dorothee:** Excuse me. I need to go to Brighton today and would like to know when the next train leaves from this station.

**Ticket seller:** There are several trains to Brighton today. The next one leaves at 11.45 a.m.

**Dorothee:** Oh, but that's in four minutes and I haven't got a ticket yet. Is there a later one?

**Ticket seller:** There's one leaving at 12.30 but you'll have to change trains at Southampton. The one after that is a direct train and leaves at 1.55 p.m.

**Dorothee:** Oh, I don't want to wait here so long and I don't mind changing trains.

**Ticket seller:** No problem, one single ticket for you then for the train at half past twelve?

**Dorothee:** No, a return ticket, please.

Question 4

**Man:** Hello there, I bought this laptop here last week and I would like to give it back.

**Shop assistant:** Is there a problem with it, sir? Is it damaged?

**Man:** No, that's not the problem.

**Shop assistant:** Well, maybe you're not happy with the colour. We've got this laptop in different colours in stock.

**Man:** Actually, I don't think the colour is too bad.

**Shop assistant:** So why do you want to return it then?

**Man:** Well to be quite honest, I saw the same laptop in another shop and it was £ 50 cheaper there.

**Shop assistant:** Right, in that case we'll give you the difference back and you can keep your laptop.

Question 5

**Max:** This is just the best game ever! Look at that, two goals in the last ten minutes – great.

**Thomas:** Yes, you're right and there's only one minute to go. Looks like Arsenal will really win the cup this time.

**Max:** Might well be. But I'm sure the game will take a bit longer 'cos the goalkeeper was fouled in the second half and the game was interrupted for a few minutes.

**Thomas:** Look, it says five minutes extra time on the scoreboard now.

**Max:** Oh, let's hope they can keep the score …

1. Where did Clara put her mp3 player?

| in her pocket | in her schoolbag | on her desk |
|---|---|---|
| A ☐ | B ☐ | C ☐ |

2. Which exercise should Henrietta do next?

| exercise 4 | exercise 7a | exercise 7b |
|---|---|---|
| A ☐ | B ☐ | C ☐ |

3. What ticket does the woman buy?

| 1.55 pm<br>return ticket | 12.30 pm<br>single ticket | 12.30<br>return ticket |
|---|---|---|
| A ☐ | B ☐ | C ☐ |

4. What is the man complaining about?

| wrong colour | damaged | too expensive |
|---|---|---|
| A ☐ | B ☐ | C ☐ |

5. When will the football match be over?

| in 6 minutes | in 1 minute | in 10 minutes |
|---|---|---|
| A ☐ | B ☐ | C ☐ |

**Part 2**

Complete questions 6 to 10.

Text

A poetry slam is a competition where poets read or perform their work to a live audience.

Poetry slam was invented in 1986 by Marc Smith when the first slam took place at the Green Mill Jazz Club in Chicago.

The first national poetry slam took place in 1990 in San Francisco. Since then thousands of poetry slams have been held across the country and around the world, including youth slams like Brave New Voices. Many slam poets have even gone on to careers as professional writers, actors, and hip-hop artists. The 2019 National Poetry Slam will take place in Oakland, California.

The rules of poetry slam are quite simple: each poet has three minutes to perform their poem. The poem must have been written by the person performing it. The poet is not allowed to use costumes or musical instruments. Five judges are randomly selected from the audience. Each judge gives the poems a score from 0–10 points.

*adapted from: https://prezi.com/1rej-uw8wus9/history-rules-of-the-poetry-slam/*

**Poetry Slams**

| | | |
|---|---|---|
| Poetry Slam | | competition where poets perform their work |
| invented by Marc Smith in | 6 | ____________ |
| 1990 in San Francisco | 7 | first ____________ poetry slam |
| careers of many slam poets | 8 | writers, ____________, hip-hop artists |
| performance time | 9 | ____________ |
| poets mustn't use | 10 | costumes or ____________ |

## Part 3

For questions 11 to 15 mark A, B or C.

Text

**Karen:** Hi mum, I'm home.

**Mum:** Hi sweetie! You're quite late. I thought you would be home earlier today.

**Karen:** I could have been. But I was talking to Hannah at the bus station and we forgot about the time.

**Mum:** I can imagine that. Chatterboxes! How was school? How did you do on the test?

**Karen:** School was OK and I did very well on the test. Mum, I was so worried about it but now I feel great.

**Mum:** I'm very glad to hear that. You've studied so hard during the last few days. Now you can relax a little bit and enjoy your free-time.

**Karen:** Yeah, I'll do that! What are you cooking? It smells good.

**Mum:** I am baking cakes. This here is one of your favourites. It's a chocolate cake.

**Karen:** It looks really delicious. And I can see muffins over there too.

**Mum:** Yes. Your brother Wayne has to take something to school on his birthday tomorrow. So, those muffins are for him. Don't you dare touch them.

**Karen:** Can I have a piece of chocolate cake then?

**Mum:** Yes, but only a small one as we are having dinner in an hour.

**Karen:** Hmmmm. That's yummy! Is baking difficult, mum?

**Mum:** No, not really. Anybody can learn. It's just a question of practice.

**Karen:** If that's true then I want to learn to bake too.

**Mum:** Well, that shouldn't be a problem. We could make an apple pie together when you get home from school tomorrow if you like.

**Karen:** No we can't. It's Wayne's birthday tomorrow. What about Saturday afternoon, let's say 3.30?

**Mum:** Fine. I'll have everything ready for our baking session.

© Stefan Dahl/Dreamstime.com

11. Karen could have been
    - A ☐ at the bus station.
    - B ☐ home earlier.
    - C ☐ on time.

12. For Karen the test at school
    - A ☐ went very well.
    - B ☐ was okay.
    - C ☐ was relaxed.

13. Wayne will
    - A ☐ celebrate his birthday at home.
    - B ☐ take some muffins to school.
    - C ☐ not touch the muffins.

14. Baking a cake is
    - A ☐ not difficult with enough practice.
    - B ☐ better than having dinner in an hour.
    - C ☐ something Karen is good at.

15. In the end Karen
    - A ☐ bakes a chocolate cake.
    - B ☐ eats a chocolate muffin.
    - C ☐ fixes a time with her mum.

## Part 4

For questions 16 to 20 mark A, B or C.

Text

Hi everybody, my name's Mike and I'm the head fitness coach here. As you can see, the main gym is really big and we have lots of brand-new machines. Here you can do running, cycling and weights. If you want a closer look at the machines, we can come back later. Oh, by the way, you can only come in here with trainers on. So, no outdoor shoes, please.

OK, here we have the swimming pool. There are certain times of the day when we have swimming classes and water aerobics. There is always a lifeguard in attendance who will also offer informal swimming tips. Over there you have the changing rooms and lockers, and on the right are the bathrooms and showers. We have our own shop here, where you can buy sportswear and sports drinks.

We are slightly more expensive than other gyms in the area because we're open 24 hours and we offer a very wide range of activities. The timetables of the extra classes such as boxing, taekwondo and quite a few others, as well as swimming classes, diving and water aerobics are in our brochure. You can also have a look at our website and check the timetables there.

If you like you can speak to the receptionist about the best combination of activities for you.

*adapted from: http://learnenglishteens.britishcouncil.org/skills/listening-skills-practice/sports-centres*

16. In the main gym, you can do
    - A ☐ running, cycling, rowing.
    - B ☐ running, cycling, weights.
    - C ☐ rowing, cycling, weights.

17. In the main gym, you must
    - A ☐ wear trainers.
    - B ☐ use a towel.
    - C ☐ take a bottle of water.

18. The pool is always
   A ☐ supervised by a lifeguard.
   B ☐ closed for courses.
   C ☐ open in the mornings.

19. The prices are higher because of
   A ☐ the professional stuff.
   B ☐ the exclusive changing rooms.
   C ☐ the choice of activities.

20. The timetables for the classes are available
   A ☐ online & on the noticeboard.
   B ☐ in a brochure & online.
   C ☐ on the noticeboard & in a brochure.

## Part 5

For questions 21 to 25 write a letter, A–H, next to each person

Text

**Presenter:** Hi folks. Any plans after leaving school? Working, studying or travelling? We talked to five teens about their plans for the future and here are their answers:

**Nala:** Hi, my name is Nala. I'm 17 and will finish school in a few weeks. I still haven't decided what to do after my exams but I love children and travelling. I thought I could combine the two and look for a job as an au-pair somewhere abroad. I hope that will work out.

**Patrick:** I'm Patrick. A lot of my friends want to study but that's just not my thing. I'll be glad when school is over and I can earn my own money. I like working with my hands and I'm very creative. So this is why I'll train to be a carpenter.

**Owen:** My name is Owen and I guess I'm a bit of a freak *(laughs)*. I've been working as a DJ in various clubs in the area for three years now. Music is my life. I want to open my own club, organize events, promote bands etc. I've managed to get an internship with a radio station in London. So you will definitely be hearing from me!

**Christine:** My name is Christine and I'm 18 years old. Honestly, I haven't got a clue what to do after school. My parents suggested doing a voluntary social year. But the problem is that I wouldn't have much money then. At the moment I'm working as a waitress at the weekends, so I guess I'll just carry on doing different jobs until I've made up my mind about the future.

**Lennox:** Hey, I'm Lennox. I've just bought my plane ticket to Australia. For years and years I've wanted to do this, travelling around Australia and earning some money at the same time. I've got a job on a sheep farm near Brisbane and I can't wait to go.

| | | | |
|---|---|---|---|
| 21. Nala | ☐ | A | working with wood |
| 22. Patrick | ☐ | B | studying |
| 23. Owen | ☐ | C | working as an au-pair |
| 24. Christine | ☐ | D | working as a radio presenter |
| 25. Lennox | ☐ | E | travelling around |
| | | F | doing a voluntary social year |
| | | G | doing casual jobs |
| | | H | doing work & travel |

## Listening – Answer Sheet

Part 1: Mark A, B or C.
Part 2: Fill in the correct answer.
Part 3: Mark A, B or C.
Part 4: Mark A, B or C.
Part 5: Fill in the correct letter.

### Part 1

| Number | A | B | C | |
|---|---|---|---|---|
| 1 | | | | |
| 2 | | | | |
| 3 | | | | |
| 4 | | | | |
| 5 | | | | /5 |

### Part 2

| Number | | |
|---|---|---|
| 6 | | |
| 7 | | |
| 8 | | |
| 9 | | |
| 10 | | /5 |

### Part 3

| Number | A | B | C | |
|---|---|---|---|---|
| 11 | | | | |
| 12 | | | | |
| 13 | | | | |
| 14 | | | | |
| 15 | | | | /5 |

### Part 4

| Number | A | B | C | |
|---|---|---|---|---|
| 16 | | | | |
| 17 | | | | |
| 18 | | | | |
| 19 | | | | |
| 20 | | | | /5 |

### Part 5

| Number | Letter | |
|---|---|---|
| 21 | | |
| 22 | | |
| 23 | | |
| 24 | | |
| 25 | | /5 |

_______/25

## II. Reading Comprehension

### Part 1 – Signs

Where can you see these notices? Mark A, B or C on the answer sheet.

1. **Life vest under your seat.**

A ☐ in a train
B ☐ on a ferry
C ☐ in a bus

2. **☞ STAGE DOOR ☞**

A ☐ in a theatre
B ☐ at the zoo
C ☐ in a gym

3. **APPROACH SLOWLY**
**GATE WILL OPEN**

A ☐ on a race track
B ☐ on a playground
C ☐ at a private property

4. **NO DRINKS**
**TO BE TAKEN BEYOND THIS POINT**
**THANK YOU**

A ☐ in a kitchen
B ☐ at a library
C ☐ at a train station

5. **PRIORITY SEATS**
**Please offer these seats to passengers with reduced mobility**

A ☐ on a bus
B ☐ on a rollercoaster
C ☐ at the swimming pool

6. **BODY SHOP**
**High quality work – repairs, petrol, damages**

☐ in a fitness studio
B ☐ at a doctor's surgery
C ☐ in a garage

## Part 2 – Signs

What information do these signs give you?
Mark A, B, C or D on the answer sheet.

7.

- A ☐ A coach broke down on the way to Scotland.
- B ☐ It costs £ 256 to meet a coach in spring in Scotland.
- C ☐ You'll have to spend £ 256 for your trip to Scotland.
- D ☐ There's a £ 256 penalty for coach drivers who avoid regular breaks.

8.

- A ☐ You have to make an appointment if you are a visitor.
- B ☐ Only resident members can use the library.
- C ☐ Visitors aren't allowed to use the library.
- D ☐ You can visit the college only if you are a resident member.

9.

- A ☐ Your bike isn't safe here.
- B ☐ You must remove the chains to place your bike here.
- C ☐ You are not allowed to leave your bike here.
- D ☐ The chains cannot be replaced.

10.

- A ☐ You have to finish your meal within 1.5 hours.
- B ☐ You must sit here for 90 minutes.
- C ☐ You can find the toilets on the upper floor.
- D ☐ You aren't allowed to sit outside the restaurant.

## Part 3 – Text

Are the statements 'true' or 'false' or 'not in the text'?
Mark the correct answer on your answer sheet.

### New Uses for Telephone Boxes

© Red Box Coffee

Red telephone boxes are as British as Buckingham Palace, bobbies and Big Ben. Tourists love them and they are a favourite photo motive. The problem is that since the arrival of mobile phones, nobody really needs public telephones any more.
From almost 100,000 telephone boxes years ago there are less than 40,000 boxes left – and the number is decreasing. However, more and more red phone boxes are taking on a new life thanks to the *'Adopt a Kiosk'* scheme by British Telecom, a telecommunications company. For just £ 1, communities and charities can buy a phone box and use it for something completely different:
Some phone boxes now house life-saving defibrillators. The *'Community HeartBeat Trust'* has installed them in the phone boxes across the country. If a person has a serious heart problem, help has to come quickly and that can be a problem in the countryside. Two people from Brighton run a business called 'Red Box Coffee'. They sell hot drinks and ice cream from the two boxes they've adopted in the seaside town. In Cheltenham, 10 of the boxes are being used as mini art galleries where local artists can show their works. So, the good old red phone boxes are being turned into something different and very useful.

*adapted from: Moya Irvine: New Uses for Telephone Boxes. Read On, July 2017, Bremen: Ed. Schünemann*

### Statements – 'true' or 'false' or 'not in the text'

| | true | false | not in the text |
|---|---|---|---|
| 11. Phone boxes aren't used anymore because of the increasing number of tourists. | ☐ | ☐ | ☐ |
| 12. The number of re-used telephone boxes is growing. | ☐ | ☐ | ☐ |
| 13. In rural areas it is often hard to get medical help when a heart attack happens. | ☐ | ☐ | ☐ |
| 14. 'Red Box Coffee' sells hot drinks and ice cream for just £ 1. | ☐ | ☐ | ☐ |
| 15. All former telephone boxes in Cheltenham are used as mini galleries. | ☐ | ☐ | ☐ |

## Part 4 – Text

Read the text and fill in the gaps. Mark A, B, C or D on the answer sheet.

### The Royal Ravens of the Tower of London

© Vicky Jirayu. Shutterstock

It is not known when the ravens first came to the Tower of London, but they are surrounded ____________ (16) myth and legend.

Legend has it that in the 17th century the astronomical observer, John Flamsteed, complained to King Charles II that the ravens living in the tower were disturbing his work. So the king ____________ (17) the killing of the ravens.

But he was told that if the ravens ____________ (18) the Tower, the Tower would fall and a great disaster would happen to his kingdom. Sensibly the King changed his mind and commanded that at least six ravens should be kept at the Tower at all times.

To prevent the birds from flying away one wing is clipped. This does not hurt nor does it harm them in ____________ (19) way.

However, despite the wing clipping, there have been several escapes. The raven Grog was last seen outside an East End pub in 1981. He obviously felt he needed a change of ____________ (20). Sometimes ravens even get lost – and one of them, Mabel, is suggested to have been kidnapped!

*adapted from https://www.historic-uk.com/HistoryMagazine/DestinationsUK/Tower-Ravens/, author: Ben Johnson*

| | A | B | C | D |
|---|---|---|---|---|
| 16 | buy | bye | by | be |
| 17 | ordered | blocked | stopped | prevented |
| 18 | leaves | left | will leave | are leaving |
| 19 | any | some | many | same |
| 20 | lane | platform | tracks | scene |

## Part 5 – Article

Complete the sentences by choosing the correct ending to each sentence.
Mark A, B or C on the answer sheet.

### Plans for 'Doghouse' Flats considered 'immoral'

© Philafrenzy/wikipedia, CC BY-SA 4.0

Plans for very tiny flats in an area of London have come in for criticism. An architect wants to rebuild a very high office building into 254 flats, most of them smaller than a standard hotel room. There are minimum standards for homes in Great Britain, but they do not apply if offices are converted into apartments.

Some of the new flats are just 16 square metres. They have a separate bathroom, a little kitchenette, a space for a bed, a wardrobe, a table with two chairs and one armchair. Once the furniture is in the room, there is only little space to walk around. Other flats are a little bigger, but around 95 percent are smaller than the national minimum standard of 37 square metres for a single person. But these flats will be cheaper, won't they? This is definitely not the case, because this is London! They will be £ 800 a month to rent or £ 180,000 to buy. This is certainly a lot for a flat as big as a doghouse!

The average size of a European flat is about 90 square metres. In Britain it is 76 square metres. So you find comments on the council's website like: "This shouldn't be legal – it's inhuman!"

*Moya Irvine: Plans for "Doghouse" Flats considered "immoral". Read On, May 2017*

21. The office building will be used as
    - A ☐ hotel rooms.
    - B ☐ doghouses.
    - C ☐ flats.

22. For the 'doghouse' flats UK standards are not
    - A ☐ recognized.
    - B ☐ converted.
    - C ☐ minimized.

23. Once furnished, the 16-$m^2$-flats have
    - A ☐ almost no space to move.
    - B ☐ the national standard size.
    - C ☐ a bedroom with a walk-in cupboard.

24. The flats can be
   - A ☐ rented cheaply.
   - B ☐ bought.
   - C ☐ sponsored.

25. Some online comments are
   - A ☐ inhuman.
   - B ☐ illegal.
   - C ☐ critical.

## Reading – Answer Sheet

Part 1: Mark A, B or C.
Part 2: Mark A, B, C or D.
Part 3: Mark the correct answer.
Part 4: Mark A, B, C or D.
Part 5: Mark A, B or C.

### Part 1

| Number | A | B | C | |
|---|---|---|---|---|
| 1 | | | | |
| 2 | | | | |
| 3 | | | | |
| 4 | | | | |
| 5 | | | | |
| 6 | | | | /6 |

### Part 2

| Number | A | B | C | D | |
|---|---|---|---|---|---|
| 7 | | | | | |
| 8 | | | | | |
| 9 | | | | | |
| 10 | | | | | /4 |

### Part 3

| Number | true | false | not in the text | |
|---|---|---|---|---|
| 11 | | | | |
| 12 | | | | |
| 13 | | | | |
| 14 | | | | |
| 15 | | | | /5 |

### Part 4

| Number | A | B | C | D | |
|---|---|---|---|---|---|
| 16 | | | | | |
| 17 | | | | | |
| 18 | | | | | |
| 19 | | | | | |
| 20 | | | | | /5 |

### Part 5

| Number | A | B | C | |
|---|---|---|---|---|
| 21 | | | | |
| 22 | | | | |
| 23 | | | | |
| 24 | | | | |
| 25 | | | | /5 |

_______/25

## III. Writing

5 pts

### Part 1 – Letter

Daniel writes a letter to his friend Jack from Maidstone Hospital.
Fill in the missing words.

Dear Jack,

I feel really ________________ about not coming to your birthday party last Saturday. As my sister has already told you, I had this nasty fall with my skateboard and ________________ taken to Maidstone Hospital with badly injured shoulders and knees.

The doctor told me I'd have to ________________ here for at least another week! The staff, especially the nurses, are very ________________ to me, caring and friendly. The food here is better ________________ I expected. But we get our evening ________________ at 5.30 pm. That's too early for me. I'm so glad that I'm ________________ to use the DVD player because life in hospital can be very boring sometimes. There is no internet access and all the other ________________ in my room are much older than me. It would be ______________________ if you could come and see me. Can I borrow a couple of your DVDs? I'm in room 3 ____________ the second floor. Believe it or not, I really miss school!

See you soon,

*Daniel*

## Part 2 – Dialogue

7 pts

You are waiting in Munich airport for your flight. A woman needs help.
Complete the dialogue.
Fill in the missing sentences.

© angelh. Shutterstock

**Woman:** Excuse me, I can't find the right gate and was wondering if you could help me.

**You:** ______________________________________________

______________________________________________

*(Frage, wohin sie fliegen möchte.)*

**Woman:** I'm on my way to Dubai to visit some friends there.

**You:** ______________________________________________

______________________________________________

*(Frage, wann ihr Flug geht.)*

**Woman:** I'm booked on the 11.30 a.m. flight.

**You:** ______________________________________________

______________________________________________

*(Sage, dass man das Gate auf den Anzeigetafeln sehen kann.)*

**Woman:** Oh right, thanks. But I can't find any of these boards.

**You:** ______________________________________________

______________________________________________

*(Sage, dass sich eines rechts neben dem Kiosk befindet.)*

**Woman:** Ah, ok. I think I know where you mean.

**You:** ______________________________________________

______________________________________________

*(Schlage vor, ihr die Anzeigetafel zu zeigen.)*

**Woman:** That's very kind of you. But I'll be fine now. Where are you flying to?

**You:** ______________________________________________

______________________________________________

*(Sage, dass du nach Los Angeles fliegst und dort Verwandte besuchst.)*

**Woman:** Lovely. I hope you'll have a great time there.

**You:** ______________________________________________

______________________________________________

*(Bedanke dich und wünsche ihr einen guten Flug.)*

8 pts

## Part 3 – E-mail

Write an e-mail to Mrs Potter.
On your way to London you have just noticed that you left your coat in a bed & breakfast in Dover where you had stayed last night.
Write an e-mail to the landlady, Mrs Potter (potterbnb@dover.co.uk).

Include the following points:

- when and where you left the coat (1 pt)
- describe the coat (e. g. colour, size, fabric, label, buttons etc.) (1,5 pts)
- content of coat pockets (1,5 pts)
- how you could get the coat back (2 pts)

Write at least 60 words.

| From: | To: |
|---|---|
| Subject: | |

Now please count your words: ________

*Schild © Can Stock Photo/lauraluchi, Mantel © Pearson Education, Inc.*

# Hauptschulabschlussprüfung in Baden-Württemberg
# Englisch 2020

## A Listening Comprehension

20 pts

### Part 1

5 pts

You will hear five short conversations. There is one task for each conversation. You will hear each conversation twice. For tasks a) – e) mark A, B or C.

a) When will Ernest visit his grandma?

| A | B | C |
|---|---|---|
| today | tomorrow | the day after tomorrow |
| A ☐ | B ☐ | C ☐ |

b) What time does the shop close today?

| A | B | C |
|---|---|---|
| 6.30 p.m. | 8 p.m. | 6 p.m. |
| A ☐ | B ☐ | C ☐ |

c) What's new in the house?

| A | B | C |
|---|---|---|
| carpet / table | sofa / lamp | lamp / armchair |
| A ☐ | B ☐ | C ☐ |

d) Where did Peter sleep last night?

| A | B | C |
|---|---|---|
| at Steven's house | at Harry's house | at William's house |
| A ☐ | B ☐ | C ☐ |

e) Which piece of clothing is in the washing?

| A | B | C |
|---|---|---|
| grey T-shirt | black pullover | white T-shirt |
| A ☐ | B ☐ | C ☐ |

## Part 2

5 pts

You will hear some information about Drake, a Canadian rapper. You will hear the information twice. For tasks a)–e) fill in the grid.

|  **DRAKE**  | | |
|---|---|---|
| | Drake | *a Canadian rapper* |
| a) | born (year) | ______ in Toronto |
| b) | jobs (name two) | rapper, ______, ______ |
| c) | name of song (2018) | ______ |
| d) | things he gave away in the video clip (name two) | ______, ______ |
| e) | number of sold records | more than ______ |

## Part 3

5 pts

Listen to five people talking about their jobs. Which person has which job? You will hear the information twice. For tasks a)–e) write a letter, A–H, next to each person.

| | | | |
|---|---|---|---|
| a) Fiona | ☐ | A | tour guide |
| b) Michael | ☐ | B | nursery school teacher |
| c) Susan | ☐ | C | pilot |
| d) Jeremy | ☐ | D | travel agent |
| e) Vincent | ☐ | E | shop assistant |
| | | F | dentist |
| | | G | doctor |
| | | H | nurse |

## Part 4

You will hear a radio interview about summer camps. You will hear the interview twice. For tasks a)–e) mark A, B or C. 5 pts

a) Matthew went to a summer camp …
- A every year. ☐
- B every two years. ☐
- C once every three years. ☐

b) With bow and arrow Matthew was good at …
- A target shooting. ☐
- B figure shooting. ☐
- C distance shooting. ☐

c) In the summer camps Matthew also …
- A went hiking. ☐
- B went stand-up paddling. ☐
- C played matches. ☐

d) Before roasting marshmallows at the campfire Matthew …
- A listened to some songs. ☐
- B hoped for ghost stories. ☐
- C searched for sticks. ☐

e) At the summer camp Matthew felt more independent because …
- A his parents picked him up. ☐
- B there were fewer regulations. ☐
- C he got homesick. ☐

You now have five minutes to check your answers.

25 pts

## B Text-based Tasks

### Part 1

5 pts

Where can you find these signs?
*Example:* B – Part 1: f) A

a)

**Please**
**Place Your Order**
**Here!**

A ☐ in a self-service restaurant
B ☐ at a hotel reception
C ☐ at the police station

b)

**Please respect our neighbours and local residents and leave the premises and the area quietly.**

A ☐ at a train station
B ☐ in a pub
C ☐ in a library

c)

**SORRY – THIS TRAIL IS CLOSED**
**The route is dangerous due to land slips. It is not safe to walk on.**

A ☐ in a forest
B ☐ on a motorway
C ☐ at a bus station

What information do these signs give you?

d)

**For safety reasons, please do not leave your children unattended**

A ☐ You have to look after your child at all times.
B ☐ You have to make sure that your child is left alone.
C ☐ Children can't play here for safety reasons.

e)

**Cyclists have to limit their speed to 10 mph.**
**Do not use this path in bad weather.**

A ☐ You can only cycle here when the weather is bad.
B ☐ The speed limit during bad weather is 10 mph.
C ☐ Avoid this path during bad weather.

## Part 2–Part 5: text

### The Most Popular Lonesome Cowboy

Almost everyone all over the world knows the comic-strip hero Lucky Luke. He is the one and only cowboy who is able to shoot faster than his own shadow.

Maurice de Bevere, also known as Morris, was a Belgian artist who created a lot of comic strips. As a child he was fascinated by western films and their heroes, so he decided to create his own western star who should have special skills. Lucky Luke was born – a lonesome cowboy, surrounded by an aura of mystery, a fearless guy who always tries to help people in trouble.

Lucky is not married and his best friend is an animal: his loyal horse Jolly Jumper. On horseback he crosses the American states and undergoes a lot of adventures. He is always there when a bank is robbed, a train is hijacked or a young lady is in danger. In most of his adventures he has to deal with four hilarious guys: the Daltons. In almost every story Lucky Luke has to find them because they always escape from one of the numberless prisons all over the country. And of course – in the end Lucky wins and brings them back to where they belong. Once his job is done, he always leaves the celebrations given in his honor and rides into the sunset, ready for new adventures, claiming no rewards.

Lucky Luke has been a comic-strip hero for more than 70 years now, and almost 90 titles have been published. They were translated into 30 languages and several hundred million copies have been sold. So Lucky Luke is one of the most successful legendary figures in the history of comic-strips.

But like in similar cases, there is much more than just the comic strips. A French broadcasting company produced an animated series for television – 26 episodes of 26 minutes each, based on the comics – and the western film hero Terence Hill played the 'Lonesome Cowboy' in ten Lucky Luke 'live' films.

The hero's huge popularity has also led to a huge and increasing number of merchandising stuff: you can buy his outfit (remember – the hat must be white!), soft toys, puzzles, games and other things: the 'Lonesome Cowboy' is even with you at school – on pencil cases and school bags!

## Part 2

Match each part of the text with the correct heading. 5 pts

*Example:* B–Part 2: f) A

| | | |
|---|---|---|
| a) | lines 1–8 | A Lucky Luke on the screen |
| b) | lines 9–18 | B Lucky Luke's 'father' |
| c) | lines 19–22 | C Long-lasting mega-seller |
| d) | lines 23–27 | D Advertising Lucky Luke |
| e) | lines 28–31 | E Lucky Luke's heroic actions |

**Part 3**

5 pts Decide whether the statements are 'true', 'false' or 'not in the text'.
*Example:* B–Part 3: f) not in the text

a) Morris wanted to create an ordinary cowboy.

b) Lucky Luke avoids adventures.

c) He doesn't want anything for his help.

d) Lucky Luke comic strips are published in more than 70 countries.

e) There are movies as well as animation films about Lucky Luke.

**Part 4**

5 pts Find the corresponding sentence parts or sentences in the text that mean the same.

a) The author liked cowboy movies when he was younger.

b) Lucky Luke rides through different parts of America.

c) Lucky Luke is able to catch the Daltons eventually.

d) Lucky Luke's comic strips are not the only product you can see.

e) As a student you can take Lucky Luke with you.

**Part 5**

5 pts Complete the sentences by choosing the correct ending according to the text.
*Example:* B–Part 5: f) A

a) Morris de Bevere's cowboy had to have
   A extraordinary abilities.
   B a good sense of humor.
   C an ordinary face.

b) Lucky Luke always tries to
   A rob banks.
   B help in difficult situations.
   C hijack young ladies in trains.

c) The Four Daltons are Lucky Luke's
   A friends.
   B roommates.
   C opponents.

d) The success of the comic strips can be measured by about

A 30 titles in 90 different languages.

B 70 titles in 26 different languages.

C 90 titles in 30 different languages.

e) Lucky Luke was filmed with real actors

A 10 times.

B 26 times.

C 30 times.

15 pts

## C Use of Language

6 pts

### Part 1

Read the text and choose the correct word from the list.

**Fido**

During World War II, a lot of dogs **(a)** killed in military attacks. People's pets had to leave their families and live on the streets. One of the **(b)** famous street dogs from World War II is Fido. Fido is a Latin word and means "faithful". In November 1941, **(c)** his way home from the bus stop, a brick worker near Florence, Italy, found Fido lying injured on a road. Not knowing who the dog belonged to Carlo Soriani **(d)** him home and helped him. After Fido recovered, he followed Soriani to the bus stop every day. When the bus returned, Fido was always there to greet Soriani with great joy. That repeated for two years until December 1943, when Soriano died. Despite his friend's **(e)** Fido returned to the bus stop looking for Soriani every day for fourteen more years. Fido came to symbolize extreme loyalty. He died on June 9, 1958, **(f)** still waiting for his master.

*Foto: Sailko/Wikipedia, CC BY 3.0*

| | | | |
|---|---|---|---|
| a) | are | were | is |
| b) | more | much | most |
| c) | at | by | on |
| d) | took | found | gave |
| e) | dead | death | died |
| f) | while | if | because |

### Part 2

2 pts

Find the opposites in the text.

a) lost

b) never

### Part 3

2 pts

Find the synonyms in the text.

a) well-known

b) hurt

### Part 4

Choose two of the following words from the text and give a definition. 2 pts

a) pets (line 2)

b) greet (line 11)

c) June (line 14)

### Part 5

You are interested in dogs. You want to find out more about owning a dog. You meet a dog owner. Ask three different questions. 3 pts

## D Writing

20 pts

### Part 1

You are looking for a job in your summer holidays and have read a job advert offering a job as a waiter / waitress. Write an e-mail to the restaurant. 8 pts

Include the following points:

- introduce yourself (e. g. name, age, interests, contact details) (2 pts)
- say why you want the job and why they should take you (3 pts)
- ask for job details (e. g. working times, salary, outfit) (2 pts)

Write at least **60** words. Count your words.

### Part 2

Write about a place that you've visited recently and liked very much. The following ideas can help you. 12 pts

| where / when / with whom? | What did you do there? | why? | What did it look like? |
|---|---|---|---|

**idea box**

holidays / abroad / family / friends / sightseeing / weather / food / …

Write at least **80** words. Count your words.

# Hauptschulabschlussprüfung in Baden-Württemberg
# Englisch 2021

## A Listening Comprehension

20 pts

### Part 1

5 pts

You will hear five short conversations. There is one task for each conversation. You will hear each conversation twice. For tasks a)–e) mark A, B or C.

a) When will they visit Glasgow Zoo?

| A | B | C |
|---|---|---|
| Tuesday ☐ | Wednesday ☐ | Friday ☐ |

b) Who will join Bobby for the pop concert?

| A | B | C |
|---|---|---|
| Alex ☐ | Mo ☐ | Frank ☐ |

c) At what time will the young woman take the train?

| A | B | C |
|---|---|---|
| 4.20 ☐ | 5.15 ☐ | 6.00 ☐ |

d) What will Pete and Kate buy for James' birthday?

| A | B | C |
|---|---|---|
| a mug ☐ | a T-shirt ☐ | chocolate ☐ |

e) Whose room does Charley choose?

| A | B | C |
|---|---|---|
| Tom's ☐ | Pete's ☐ | Robbie's ☐ |

5 pts

## Part 2

You will hear an advert for the Museum Context in Edinburgh.
You will hear the information twice.
For tasks a)–e) fill in the grid.

| | | |
|---|---|---|
| a) | Museum context is a | ____________ shop |
| b) | you can buy | stuffed owls and chocolate ____________ |
| c) | shop's address | ____________, Edinburgh |
| d) | the house was finished in | ____________ |
| e) | you'll soon feel like a witch or | ____________ |

5 pts

## Part 3

You will hear a radio interview with some teens in Scotland. What does each person talk about?
You will hear the information twice. For tasks a)–e) write a letter, A–H, next to each person.

a) Francis ☐
b) Angus ☐
c) Keira ☐
d) Merida ☐
e) Rory ☐

A lake
B museum
C football match
D Highland festival
E castles and monuments
F TV show
G islands
H flight

**Part 4**

5 pts

You will hear a conversation between two friends talking about their weekend plans. You will hear the conversation twice.
For tasks a) – e) mark A, B or C.

a) Steffi has some problems with
- A sights. ☐
- B words. ☐
- C places. ☐

b) Loch Lomond is a
- A hole. ☐
- B lake. ☐
- C ground. ☐

c) In Glen Coe, a lot of people
- A were killed. ☐
- B are soldiers. ☐
- C speak Gaelic. ☐

d) Hiking can be dangerous because of the
- A height. ☐
- B weather. ☐
- C summer. ☐

e) The word *fell* is used to describe
- A animals. ☐
- B Scottish people. ☐
- C landscapes. ☐

You now have five minutes to check your answers.

## 25 pts B Text-based Tasks

### 5 pts Part 1

Where can you find these signs? Write down the correct answer.
*Example:* B – Part 1: f) A

a)

| |
|---|
| **Cattle crossing – be careful** |

A on a road
B on a lake
C underwater

b)

| |
|---|
| **Might contain traces of soy** |

A in a forest
B on a field
C on a chocolate bar

c)

| |
|---|
| **SINGLE ROAD TRACK – ALWAYS DRIVE CAREFULLY** |

A on a motorway
B on a railway track
C in the countryside

What information do these signs give you? Write down the correct answer.

d)

| |
|---|
| **Don't step on the pitch – Flying sport equipment** |

A You can't perform a step-dance here.
B Javelins or frisbees might fly around here.
C Planes and helicopters might land here.

e)

| |
|---|
| **Bagpipe makers offer:**<br>• **Scottish gifts**<br>• **Kilts to hire** |

A Scottish people should be careful with gifts.
B You can borrow traditional Scottish clothes.
C Bagpipes can be killed.

## Part 2 – Part 5: text

### Scotland's Highland Games

The Scottish Highland Games are a fun way to celebrate Scottish and Celtic traditional cultures. Originally founded as an athletics and sports competition, these games were called Highland Games and are now well-known all over the world. There are a lot of Highland Games outside Scotland – even in Germany!

Hundreds of years ago the Scots wanted to test the power and strength of Scottish troops during the games. Over the centuries the Highland Games turned into festivals for all Scottish people. Thousands of people wanted to watch the games. Dancing, pipe bands, drumming and food and drink were added – the Scottish Highland Games were born!

In Scotland, there are a lot of big families called *clans*. These clans have been a part of the Highland Games right from the start, with clan members going head-to-head in different competitions. In modern times, their participation is more of a social and ceremonial meeting. Many clans set up tents and share information about Scottish history. Clans are famous for their *tartans*. This is the colour and the pattern of their *kilts* – the traditional skirts for men – that can be compared to the shirts football teams wear. Every clan has its own tartan. Following this tradition, every competitor has to wear a kilt during the games.

What has to be done during the games? There are different field events with special Scottish names. One of them is the *fell-running* in which you have to run up a *fell*, the Scottish word for hill or mountain. On top of the hill the runners have to take a little flag with their starting number and bring it back down to the finish line.

Besides square-dancing, hammer-throwing and weight for height (you have to lift heavy stones), *tossing the caber* is the most popular event. Many people think that the athletes have to throw the trunk of a tree (the caber) as far as they can – but that's wrong! The aim is to throw the caber in such a way that it lands in a 12 o'clock position. The one who can make it the closest is the winner!

So, you see – Highland Games are always great fun and whenever there are Highland Games nearby – join them!

*Abb: https://www.highland-games.eu/disziplinen-bei-den-dhg; Stand: 01. 07. 2020*

5 pts

## Part 2

Match each part of the text with the correct heading.
Write down the correct letter for each part.

| | | |
|---|---|---|
| a) | lines 1–7 | A Different events |
| b) | lines 8–12 | B Family traditions influence the Games |
| c) | lines 13–21 | C The distance doesn't count |
| d) | lines 22–26 | D A famous cultural event |
| e) | lines 27–34 | E The origin of the Games |

5 pts

## Part 3

Decide whether the statements are 'true', 'false' or 'not in the text'.
Write down the correct answer.

a) The Highland Games were originally created as a war simulation.
b) They wanted to see how fit the soldiers were.
c) Clan members open the games every year.
d) Some names of the events are different from the English expressions.
e) *Tossing the caber* means lifting heavy stones.

5 pts

## Part 4

Find the corresponding line/lines in the text that mean the same.
Write down the correct letter.

a) The events are familiar to people all over the world.
b) Centuries later, not only sportsmen can take part in the games.
c) Clan members present cultural information.
d) To end the race, athletes carry their flags to the foot of the mountain.
e) Athletes must raise things of great weight.

| | | | | |
|---|---|---|---|---|
| lines 1–2<br>A | lines 4–5<br>B | lines 8–9<br>C | lines 9–10<br>D | line 13<br>E |
| lines 13–15<br>F | lines 16–17<br>G | lines 22–23<br>H | lines 24–26<br>I | lines 27–28<br>K |

## Part 5

5 pts

Find the correct endings to complete the sentences according to the text. Write down the correct letter.

a) Nowadays, the Highland Games are
   A a worldwide event.
   B a Scottish event.
   C an English event.

b) Today, The Highland Games are
   A only a sports event.
   B more than a sports event.
   C only a food and drink festival.

c) From the very beginning, clan members
   A took part in the games.
   B only pitched tents.
   C were excluded from the games.

d) *Fell-running*
   A is a special word from England.
   B is like a race.
   C has to do with Scottish animals.

e) To win *tossing the caber* you need
   A the longest throw.
   B the most exact throw.
   C the highest throw.

15 pts

## C Use of Language

6 pts

### Part 1

Read the text and choose the correct word for each gap.
Write down the correct word.

**The Story of Street Art**

Modern graffiti began in big cities in the United States in the 1970s. In New York, young people wrote **(a)** names, or 'tags', with pens on walls around the city.

One of the first 'taggers' **(b)** a teenager called Demetrius. His tag was TAKI 183. Demetrius wrote his tag on walls and in stations in New York. Other teenagers saw his tag and started writing their tags too. Soon, there were tags on walls, buses and trains all **(c)** New York.

Then, some **(d)** started writing their tags with aerosol paint. Their tags were bigger and more colourful. Aerosol paint graffiti **(e)** very popular in the 1970s and 1980s. It appeared on trains, buses and walls around the world.

In the 1990s and 2000s, **(f)** graffiti artists started painting pictures. Some artists' pictures were about politics. Other artists wanted to make cities beautiful and painted big, colourful pictures on city walls.

*Robin Newton, https://learnenglishteens.britishcouncil.org/study-break/graded-reading/graffiti-street-art-level-1*
*Abb © Designpro Studio. Shutterstock*

| | | | |
|---|---|---|---|
| a) | its | there | their |
| b) | was | is | were |
| c) | about | over | of |
| d) | teenage | teenagers | youth |
| e) | get | became | become |
| f) | a lot of | much | very |

2 pts

### Part 2

Find synonyms for <u>two</u> of the three words in the text and write them down.

a) noticed

b) after a short time

c) good-looking

### Part 3 2 pts

Find opposites for <u>two</u> of the three words in the text and write them down.

a) old

b) last

c) smaller

### Part 4 2 pts

Choose <u>two</u> of the following words from the text and give a definition.

a) teenager (line 9)

b) popular (line 12)

c) to paint (line 14)

### Part 5 3 pts

You are preparing a school presentation about Demetrius/TAKI 183.
You have got the chance to talk to him personally.
Ask <u>three</u> different questions to get further information.

## D Writing 20 pts

### Part 1: E-mail 8 pts

You have watched a documentary about the Highland Games in Scotland. You want to do a school presentation about it, so you write an e-mail to the producers asking for more details.

Include the following points:

- introduce yourself (e. g. name, age, contact details) (2 pts)
- reason for your mail/how you want to do the presentation (3 pts)
- ask for more information (e. g. material, films, internet links) (2 pts)

Write at least **60** words. Count your words.

*Abb: https://www.highland-games.eu/disziplinen-bei- den-dhg; Stand: 01. 07. 2020*

12 pts

## Part 2: Best Holiday/Dream Holiday

Write about the best holiday you have ever had or your dream holiday.
The following ideas can help you.

| | | | |
|---|---|---|---|
| where / destination / country | means of transport / journey | when / how long | activities / sights |

**idea box**
holiday / abroad / family / friends / sightseeing / tickets / go by / sports / weather / food / …

Write at least **80** words. Count your words.

**Hauptschulabschlussprüfung in Baden-Württemberg**
**Mathematik, Deutsch, Englisch 2022**

Um dir die Prüfungen 2022 schnellstmöglich zur Verfügung stellen zu können, bringen wir sie in digitaler Form heraus.

Sobald die Original-Prüfungsaufgaben 2022 zur Veröffentlichung freigegeben sind, können sie als PDF auf der Online-Plattform *MyStark* heruntergeladen werden (Zugangscode siehe vorne im Buch).

**Prüfung 2022**

**www.stark-verlag.de/mystark**